幸福
文化

本当の「頭のよさ」ってなんだろう？

勉強と人生に役立つ、一生使えるものの考え方

什麼是真正的聰明

〈全民教育家〉齋藤孝——著

賴惠鈴——譯

—前言—

面對問題時，你有生存力嗎？

大家好！我想藉由這本書，告訴各位什麼是「聰明」。

希望各位都能擁有聰明的智慧——這是本書最大的目標。

經常聽到有人說，「那個人好聰明啊」、「誰叫我不聰明呢」。

但，這是以什麼來作判斷的呢？

我認為所謂的「聰明」，是一種腦的「狀態」。

不能直接劃分成聰明的人和不聰明的人，**每個人都有頭腦很靈光與不怎**

麼靈光的時候，只要維持「頭腦靈光」的狀態，大家都能愈來愈聰明。

處於聰明的狀態，是一件很開心的事。

學會過去搞不懂的事情、做到以前做不到的事情，那一瞬間通常會覺得腦中突然一片清明吧？

「啊，原來如此」、「我辦到了」，心情也會變得非常痛快。相反地，如果有搞不懂、做不到的事，大腦和心情就會一直覺得很不舒服。

因此，只要能增加聰明的狀態，就能讓大腦神清氣爽、心情暢快。

跟別人比較誰最聰明，一點意義也沒有。

再怎麼羨慕、想跟別人交換腦袋，都只能用自己的腦袋過一生。

與其羨慕別人，不如努力增加自己聰明的狀態。

聰明會給人類帶來幸福。很久很久以前，在演化的過程中，弱小的人類為了活下去，必須動腦思考該怎麼做才能活下去。多虧頭腦發達，人類才能活到現在。

人類為了堅強地活下去，所獲得的能力就是聰明與智慧。因此要讓頭腦變聰明，才能幸福地活下去。

增加聰明的狀態，各位就能突破目前的狀況、擁有改變現實的能力。聰明，就是活下去的能力。該怎麼做才好呢？接下來將告訴各位基本的思考方式。

只要從還是國、高中生的時候就培養能改變一生的思考方式，讓自己變聰明，各位就會變得「無敵」。

現在就展開增加聰明的狀態，得到改變現實的能力之旅吧！

【前言】面對問題時，你有生存力嗎？ 002

第一章

很會考試讀書，就是聰明嗎？

為什麼想變聰明呢？ 014
會讀書，就等於聰明嗎？ 017
要怎麼適應現實社會 019
為什麼總說「生存能力」很重要 021
體能也是「聰明」的一環 023
預測與思考下一步的能力 026
能看見多遠的未來 029
不要限制自己的可能性 031
可以一輩子只做自己喜歡的事嗎？ 034
以「智仁勇」為目標 037

第二章

學習是為了什麼？

學習應該是快樂的 044
開始行動之後，才會產生動力 047
保持好奇心，轉換「被強迫」的心態 050
只要開始感興趣，有趣的事物就會增加 052
主動找出教科書裡的趣味 054
不要小看「基礎」和「複習」 058
檢驗是否有讀懂的「聊天式」學習法 060
數學竟然是整理思緒的方法？ 063
在自己心中種植豐富的森林 066

第三章

學校不只是學校

不去學校也能學習 072

學歷相當於社會的通行證 074
現實，是很殘酷的 077
青少年還不太會控制情緒 080
去學校是為了與人相處 083
想要習慣，就要不斷練習 087
別太擔心，只要隨遇而安就可以 090
有需要的話，請隨時推開逃生門 093

第四章 考到高分的讀書技巧

思考戰略及戰術 098
不希望選擇受到限制 100
選擇適合自己的做法 103
專屬自己的獨特戰術，一生都受用 106
要先建立自信 109

第五章

學會英文，對考試和未來都有好處 111
英文是考試的關鍵！ 113
具備國文的應考能力 116
如何鍛鍊閱讀理解力？ 119
為什麼要學習不擅長的科目？ 122
改善挑食問題的機會 124
曾經付出的努力絕不會白費 126

如何養成閱讀的習慣？

書是通往世界的「任意門」 130
寂寞的時候就看書吧！ 132
有人和你在煩惱相同的事 134
好奇心是一切的開端 137
再也沒有比進入書中的世界更有趣的事 140

古人的智慧，都在書本裡 142
以聆聽的心態與書相遇 145
來自書中的心靈導師 148
用閱讀增強語彙力 152
加快閱讀的速度 154
閱讀也是人生的一種體驗 157
閱讀與生活經驗的連結 159

第六章

感受心流帶來的幸福體驗

有喜歡的事，就能辦到「不喜歡卻非做不可」的事 166
有廢寢忘食的愛好嗎？ 169
開啟「快樂—喜歡」的迴路 171
如何進入心流狀態 173

了解投入熱情、樂在其中的快樂 176
激發興趣的方法 179
只要有喜歡的事，你的世界就會充滿幸福 181
不要否定別人的愛好 184
只要敞開心胸，世界就會很寬廣 186
「喜歡」，能讓心靈變得更豐盈 189
從討厭的事情中發掘想做的事情 192

第七章 青春期不一定是場風暴

不要用「叛逆期」當藉口 198
鬧脾氣會破壞氣氛 201
真正聰明的人，不開心也不會表現出來 203
不管如何，都要保持好心情 206
從微笑開始轉變心情 209

這是個追求「感覺舒服」的社會 211
無論在哪裡做什麼，都要與人相處融洽 213
觀感比能力更重要 215
從「先別下定論」開始 218
愉快聊天的訣竅，在於「對方喜歡的東西」 221
有相同的喜好能深化友誼 224
與還不熟的人接觸時 226

第八章 什麼是生存？

路不會只有一條 232
做出決定後，就要接受結果 234
只要永遠覺得「這是最好的選擇！」就不會後悔 236
轉念的能力足以改變現實 238
人生處處是轉機！ 241
轉換心態成「這反而是件好事」、「其實很開心」 245

無論如何，絕對不能做傻事 248
生命的意義 251
把聰明才智用在讓自己得到幸福的地方 254
【結語】懂得思考，什麼是「重要的事」 258

第一章

很會考試讀書，就是聰明嗎？

為什麼想變聰明呢？

我平常的工作是教育想成為老師的大學生，也會到國、高中為全校師生演講。當我問想變聰明的國、高中生們具體的想法時，他們的答案不外乎是希望成績變好或希望提升偏差值，總之都是希望變得很會讀書。

「會不會讀書」是學生當下最大的問題，我能理解他們的心情。

或許正拿起這本書的各位也有相同的想法。

不過，真的是這樣嗎？

讓我們稍微思考一下，「會讀書」是怎麼一回事。

會讀書的人，也就是學習能力很好的人。有人天生就非常聰明，像是「根本不需要怎麼複習，只要聽課就能明白，教科書也只看一遍就記住」的人。

確實有這種人，但非常少，就算想成為這種人也無法如願。

「會讀書」的人，並非毫不費力就能考出好成績，而是用功學習，孜孜不倦地持續努力的人。

考試成績表示能理解、記憶、重現在課堂上學到的東西。

因此，平常有沒有預習和複習、考試前有沒有集中精神準備、能否提起幹勁努力等等的要素就很重要。

對於自己喜歡的事物，大家都能努力，也願意加油，可是卻往往對讀書提不起勁。

我也不例外，能熱衷投入在自己喜歡的事，但討厭讀書。然而，我從國中考試開始，還考了高中、大學、研究所，選擇經歷比一般人還要多次「考試地獄」的人生。

人生會發生什麼事，真的很難預料。

為何要踏上這條荊棘密布的路呢？因為我察覺到一件事：

「只要克服眼前的難關，就能做快樂的事、想做的事。」

因為想獲得未來的樂趣與自由，就能下定決心「既然如此，只能硬著頭皮上了」。

現在，我能肯定地說，只要像這樣達成眼前的目標，就能培養尚未具備的「努力的力量」。

重點是反問自己「這是為了什麼」？思考「想變得會讀書是為了什麼」？「想變聰明是為了什麼」？

就算是「想變得受歡迎」或「想成為有錢人」，也沒有關係。

重點是要讓「這是為了什麼」的自問自答，變成推著自己前進的原動力。

會讀書，就等於聰明嗎？

以學校生活為主的學生讀者們，每天因為考試分數、成績或偏差值，而被別人用看得見的數字品頭論足，自然就認為會不會讀書是衡量聰明與否的絕對標準。

然而，事實並非如此。

一旦結束學生身分出了社會，衡量聰明不聰明的標準也會突然改變，從「會不會讀書」變成「能否適應社會」。

我認為會讀書是一件好事，比起不會讀書，當然是會讀書比較好。可是，成績優秀的人在出了社會後，能不能繼續當個「聰明的人」而如魚得水，倒也不見得，也必須能適應社會才行。

舉例來說，有人雖然畢業於一流大學，在職場上卻無法與周圍的人好好溝通，不明白別人希望自己做什麼，這樣的人會受到「讀了很多書，但完全派不上用場」的批評。從小到大一直得到「很會讀書、很聰明、好厲害」的讚美，沒想到出了社會，評價卻一落千丈，自尊心碎成一片。

又或者是有人明明擁有高學歷，在社會上也有很崇高的地位，卻作奸犯科。新聞裡經常看到心存僥倖「只要自己好就好」，不當一回事地破壞社會規則的人。

我必須說，再怎麼會讀書的高材生，如果不懂得判斷人生在世該做什麼、不該做什麼，本質上就一點也不聰明。

要怎麼
適應現實社會

世上也有許多在學校時很討厭讀書，成績也不好，長大成人後卻能在社會上大顯身手、功成名就的人。

難道是長大成人以後，才能才突然開花結果嗎？

當然不是，那樣的人恐怕從小就具有某方面無法用考試分數或學校成績來衡量的聰明才智。

發明新事物的創造力或讓人快樂與激勵他人的溝通能力，光靠學校的考試是無法判斷的。

這樣的人，**其實是將聰明才智發揮在「如何好好地在社會上生存」這點**。

會讀書、成績好，從某個角度來說確實是「聰明」沒錯，但也沒有各位以為的那麼絕對。

學校畢業後的人生，需要的聰明是在「適應社會的能力」上。

現代人的壽命愈來愈長，「大人的聰明」需要用到五、六十年；人生真正不可或缺的聰明，是能否適應社會的能力。

但，這也不是「不讀書也沒關係」的意思。

讀書是頭腦的基礎訓練，當自己待在能讀書的環境時，儘量努力讀書。

如果不認真看待讀書這件事，未來的人生會有許多辛苦又吃力的地方。

身為大人，我會不厭其煩地重複這個論點。

為什麼總說「生存能力」很重要

以學校教育而言，教學的重點也正在改變。

過去的教育比較重視得到知識、吸收知識、回答與那些知識有關的問題的能力。

如今則逐漸把重心放在拓展「思考力、判斷力、表現力」及「個人學習欲」的方向。

重點在於主動、互動與深度學習。能夠獨立思考，好好表達自己的意見、與他人對話，以及擁有發現問題、自己探索、自己研究的態度。

有鑑於此，衡量學力的標準也隨之改變。

雖然透過考試可以輕易地了解學生是否得到知識，但是傳統的考試難以衡量學生是否能夠「靠自己思考」獲得「新學習能力」。

因此，寫論文、自我介紹和面試這種評量測驗愈來愈常見。

能夠獨立思考、以自己的方式表現，與出社會後能否善用自己的聰明才智，亦即與「生存能力」息息相關。

希望各位都能具備這方面的學習能力與聰明才智。

「變得更聰明」是為了好好生活所需要的能力，這就是我們讀書的原因。

沒有不聰明的人，每個人都具備了可以努力的力量。重點在於如何提升自己的實力、從何處拓展自己能力。

體能也是「聰明」的一環

觀察活躍的一流運動選手，我總覺得他們「好聰明啊」，怎麼能表現得那麼好呢？身體聽不聽使喚，是受到大腦發出的指令影響；以無法用言語說明的複雜動作掌握使用身體的方法，迅速地採取行動，因應每一秒的情況做出判斷。

我的論點是：「擅長運用身體的人，也很聰明。」不只運動，很會跳舞的人、演奏技巧高超的音樂人，都是聰明的人。

在歌舞伎及狂言等傳統藝術界大顯身手的人，也很聰明。

能靈活地運動身體，自然也能讓頭腦與身體迅速地產生連動，表示神經迴路十分敏銳，頭腦非常靈光。

最近腦科學的研究日新月異，開始從科學的角度以「足球腦」或「棒球腦」來形容運動選手的表現能力及腦力的轉速，社會大眾開始理解到，能成為一流選手的人通常都很聰明。

身為學生，如果能兼顧學習與社團活動自然再好不過。

不過，專心參與社團活動也能活化大腦，該怎麼做才能跑得更快、將球傳得更好、把握機會球、讓身體旋轉得更快……。

能思考「現在該怎麼做」的人，通常能表現得更好。

鍛練身體的時候也是，不能什麼都不想地只是活動身體、讓自己流汗，意識到「現在為什麼要鍛鍊哪邊的肌肉」也很重要。

我很幸運能夠採訪在運動或演藝圈等各界活躍的人，與他們對談，例如在奧運拿下金牌的室伏廣治先生及柔道的野村忠廣先生。

與這些頂尖人物聊天時，發現他們的頭腦真的非常清楚，思路井然有序。

他們很清楚自己現在該做什麼，**隨時都在思考「為了什麼而需要什麼」，找出最適合現在的自己的做法**，知道該怎麼面對自己的課題。

想要進步，需要「品味」與「熟練」。一流選手的品味也許很不錯，但熟練的技術更不是蓋的。

這是將聰明發揮到淋漓盡致的範例。

預測與思考下一步的能力

當身體靈活地運動時，人們會知道自己接下來該做什麼。

不能只有一瞬間的成功，必須不斷「預測」下一步，思考自己現在該怎麼做才好。

預測下一步的能力，是相當重要的求生能力。

比起危險已經逼近到眼前才發現，提早注意到危機的來臨，事先想出各式各樣的因應之道，也能順利地脫逃。

現在能採取更好的行動，是因為能預測到下一步。

不斷地思考該怎麼做才能做得更好、變得更強、出奇制勝。因此，如果能想到接下來該怎麼做才好，就表示頭腦非常聰明！

圍棋及將棋也不例外。

比賽時，自己的下一步該怎麼走，對方會怎麼出招，有各種的可能性。因此都要先預測若這麼走的話，對方會怎麼出招；下這一步的話，對方又會怎麼應戰。

如果知道自己現在該怎麼做，就能採取接下來的行動，這是聰明人的生存之道。

多數人在國中的年紀時，會覺得「即使要我思考將來的事，長大對我來說還很遙遠」，但也不能因此而放棄具體的思考。

不只考慮到將來、描繪夢想，也要為現在的自己與將來的自己鋪路，一點一點地布局。

先描繪夢想的一個小起點，再一個連接點，最後用線串連起來；現在的行動，將成為連結未來的一個連接點。

如果想當醫生，大學就必須考上醫學系。不過，醫學系非常難考，因此想當醫生的人通常要從國中就要開始準備。

要是什麼都不想，渾渾噩噩地度過國、高中時代，到了選擇大學科系的時候才突然覺得，當醫生好像是個不錯的選擇，那麼，要考醫學系就更加不容易了。

假如有人這時才驚覺「如果不學好數學三類，幾乎考不上任何醫學系」，一定會非常錯愕吧？

身心都要確實地朝向自己想去的方向，雖然只是些微的角度差異，但不同的落點，會使那條線的前進方向截然不同。

能看見多遠的未來

從小就有目標的人，會專注於往前看。

像是一直運動或跳舞、學習樂器或唱歌，夢想成為專業的人，總是會認真地思考該怎麼做、該怎麼走，才能更接近成為專業人士的目標。

因此從國小、國中就會開始思考，之後該讀哪所學校、現在又該怎麼做才好。

想要成為甜點師傅或寵物美容師的人，也會具體地思考該去哪間學校磨練技術比較好。

如果沒有想做的事，人很容易渾渾噩噩、得過且過，這是因為還無法具體地思考並描繪未來會發生什麼事。

事實上，這樣的人更要小心，不要因此而侷限自己的可能性。

要是對自己的將來沒有明確的目標，不知道該往何處去的話，應該保持開放的態度，並且先好好讀書，這也是上學的意義之一。

如果還不知道該做什麼才好，就先把書讀好。

先讓自己擁有「做什麼都可以」的淵博知識，成為將來的助力，也是現在的自己可以為將來的自己所做的事，就像是投資未來的自己。

建議大家試著與朋友聊聊，跟朋友認真地討論未來，可能會發現有的朋友已經開始一步一腳印地為將來做準備了！

不要限制自己的可能性

請盡可能為將來預留多一點可能性。

重點在於，當你心想「接下來該怎麼辦」的時候，能有不同的選擇。

不擅長數學的人，很容易自暴自棄「不想學數學」，國中無法選擇，但是到了高中就能選擇數學要學到什麼程度。

如果只因為現在不喜歡數學，就任性地不學，那麼等到有朝一日想讀理科的大學時，可能性就會縮小。

化學或物理也是如此，即使不拿手，只要不放棄，就能給自己多一個選項，不要限制自己的可能性。

不確定是否要讀大學的人，我的建議是：如果可以，還是要念大學喔！好比說，就算只是大致上想著「想當老師」，也得要修教育學程，就算不確定該上哪所大學，也不至於無法確定要不要升學。

不知道該不該升學的人，幾乎都是因為還不知道將來想做什麼。若沒有具體想做的事，再加上家裡的經濟狀況不太好，就會開始思考「高中畢業後，是不是直接找工作比較好」。

牽涉到錢的問題，不能簡單地一概而論，但愈是不知道想做什麼的人，為了拓展自己的可能性，最好還是要上大學。

將來，無論是職業種類或年收入，大學畢業後再工作、遠比高中畢業就出來找工作有利得多。

或許因為家境清寒，即使想申請就學貸款，也沒有自信能還得起，不想為背債所苦。但若以從長遠的角度來看，上大學仍是正確的解答。

如果已經很清楚想做的事情，可以去上專科學校，學習專業的知識及技術；如果不清楚自己想做什麼，邊上大學、邊思考，也是個不錯的方法。

建議大家，盡可能地拓展自己未來的可能性。

可以一輩子只做自己喜歡的事嗎？

運動也好，音樂也罷，即使對自己喜歡的事充滿熱情，也不見得想成為專業人士。我猜也有許多人只是想當成興趣，想悠哉地做自己喜歡做的事，只要這樣就很快樂了。

但實際上，並沒有這麼簡單。

每個人都在現實與理想的夾縫間苦惱。

即使努力想成為職業運動選手，但能活躍於第一線的時間極為有限。

一般的職業可以持續三、四十年，但如果是運動選手，全盛期大概到三十五歲就是巔峰了。

接下來的人生該如何自處？必須及早思考這個問題才行。**對喜歡的事物投入熱情是很重要的一件事，但沒有人能光靠喜歡的事物就能生活。**

或許也有人一輩子都在打電動，生活過得輕鬆愜意。

有人曾經說過：

「因為爸媽會把房子留給我，我自己只要每個月能賺個十萬日圓左右就行了，其他時間只想打電動。」

住在父母買的房子裡，水電瓦斯也是花父母的錢，吃著家裡準備的三餐。若父母能活到八、九十歲，自己也能一直過著打電動的日子，這樣的人生真的非常幸福。

問題是，如果某天遇見心愛的人，動了想結婚的念頭。

如此一來，又會產生完全不同的心情。

想離開父母，與心愛的人共組家庭，因此開始思考「必須更認真工作才行」。

狀況一旦改變，人類的心情就會像這樣發生變化。

因為是人類，心情才會變來變去。

這時，別讓自己後悔「啊，早知道當時就應該讀書了」、「早知道就應該這麼做」。

為了盡可能不讓自己後悔，必須盡量做到現在能做的事，而且要盡量做到好。

因為無法預知未來的發展，所以千萬不要減少自己可以擁有的選擇性，扼殺了自己的可能性。

這將會成為各位面對人生每個現實時刻，改變現實的能力。

以「智仁勇」為目標

在猜謎節目中，經常可以看到明明題目還沒念完，有人卻能馬上推理出答案，迅速地按鈴搶答而且還答對，那就是「預先判讀」的能力。

不只有片段且龐雜的知識，還有串連起來思考的能力，才能預先判讀「接下來一定是要問這個問題」。

以知識為基礎，預測問題的脈絡，就能瞬間發揮「預先判讀」的能力。

只不過，如果是事先看大量的猜謎題目來練習預判能力的人，當人生遇上現實問題的時候，能否發揮相同的力量，則又另當別論了。

我認為現實生活中，「預先判讀」的能力是真正聰明與否的重大要素之一。

「遠見」是能夠預見未來會如何發展的能力，重點在於有一雙能著眼未來的眼睛。

因此，必須看好自己現在所處的位置與若干年後的自己，將這兩個點連成一條線。

不能只判斷「現在開不開心」，要養成不被眼前的情緒所迷惑、思考下一步的習慣。

不只如此，為了讓自己變聰明，理想與熱情也很重要，要隨時充滿熱情。當人擁有「無論如何都想完成」的強烈意志時，就能認真地思考「現在該做什麼才好」。

真正的智商、智慧，不是只有知識而已，還要具備「智（思考的心）、仁（感受的心）、勇（改變現實的心）」，三大要素缺一不可：

智：不只有知識，還有能夠掌握問題本質的判斷力。

仁：能否誠懇、體貼地與別人相處。

勇：有沒有實際付諸行動的魄力、勇氣。

若想同時具備智仁勇，理想與熱情缺一不可。

第一章

重點摘要

眞正的聰明，是由「智（思考的心）、仁（感受的心）、勇（改變現實的心）」構成。

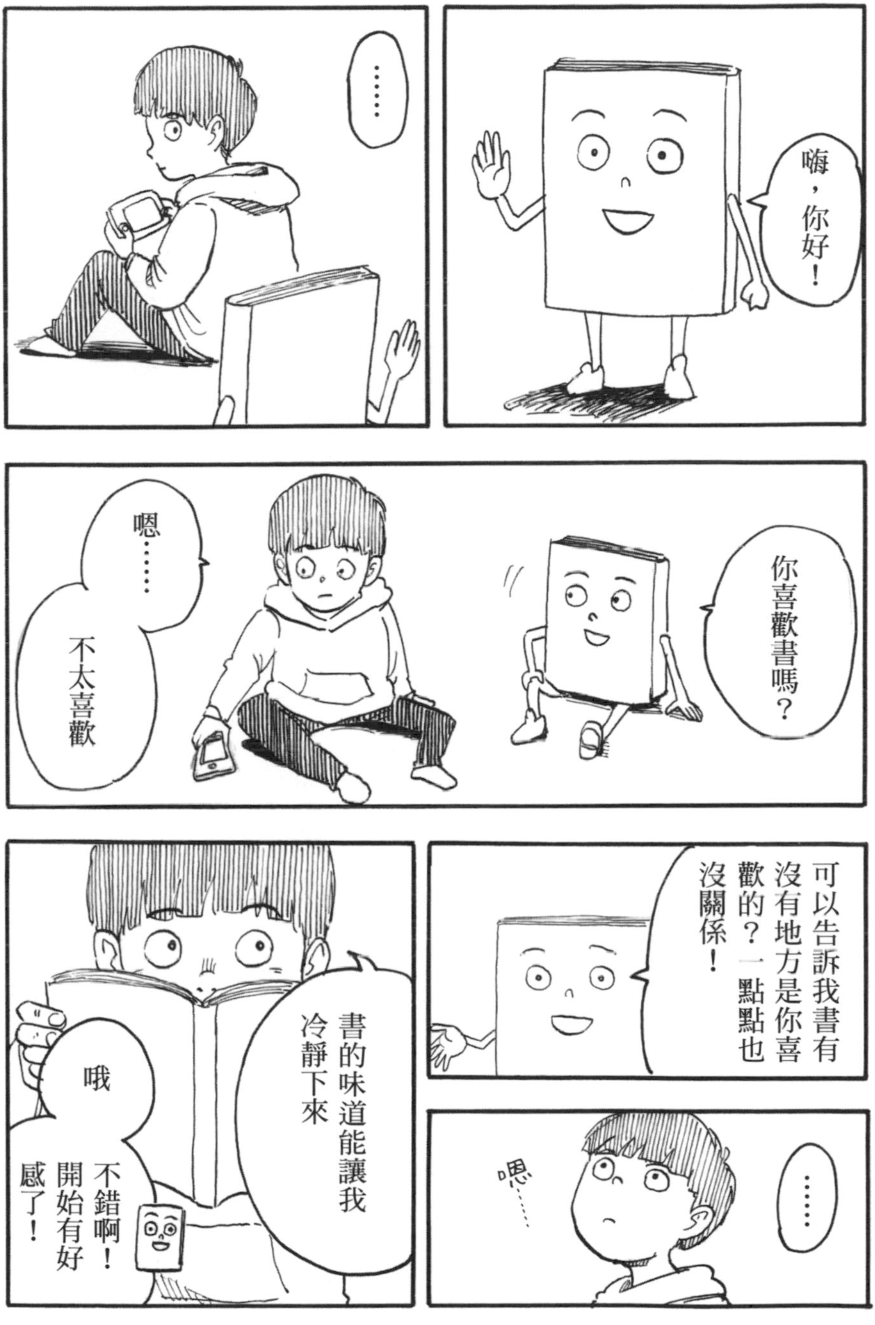
嗨，你好！
……
你喜歡書嗎？
嗯……
不太喜歡
可以告訴我書有沒有地方是你喜歡的？一點點也沒關係！
……
嗯……
書的味道能讓我冷靜下來
哦
不錯啊！開始有好感了！

第二章

學習是為了什麼？

學習應該是快樂的

每個人到了國中階段，都有過類似的疑問：「為什麼非學習不可？」即使聽到「為了拓展將來的可能性」或「為了具備活下去的能力」的說法，也毫無概念。

因為就算會解公式、會看文言文，也會懷疑：「日常生活真的需要這些知識嗎？不用吧？」

思考「為什麼要讀書」固然重要，可是也不能因此成了阻礙你學習的困擾。

「這麼認真學習究竟有何意義？讀這些書根本一點用也沒有。」這些對上學的負面印象，會讓人提不起幹勁。

請各位回想自己還是小學生的時候，揹著全新的書包去學校，內心是不是既興奮、又期待？當時上學是討厭的事嗎？

回到家，是不是迫不及待地想告訴家人：「今天在學校做了這些事喔！」小學生充滿了求知欲，對自己不知道的事、沒做過的事充滿好奇心，每個人「對知識的興趣」都十分強烈。

沒有人天生就討厭「學習」。

然而漸漸地，「討厭」的心情蓋過了好奇心，原因有很多種：

- 上課很無聊
- 不想寫作業
- 考試成績不理想

- 爸媽一天到晚要求自己「快去讀書、快去寫作業」
- 不喜歡老師
- 被拿來跟其他人比較「做得到、做不到」

……

這些負面的經驗，會讓自己心裡的天平往「讀書一點也不好玩，我不喜歡」的方向傾倒。

如此一來，就只剩下擅長的科目或課外喜歡的事物，能讓自己產生好奇心。同時，也會產生「讀書究竟有什麼意義」的疑問。

開始行動之後，才會產生動力

目標很明確的人，比較擅長規劃將來，知道大學該念什麼科系、現在又該怎麼做才好，不會覺得現在非讀不可的書是一件沒有意義的事。

可是還沒有具體目標的人，會感覺置身於迷霧中，不知道自己該做什麼才好，也很難找到非讀不可的書有何意義。

既然如此，可以單純地認為讀書是「為了變聰明」嗎？

大家都知道，變聰明不只是為了提升考試的分數或成績，而是為了讓頭腦運作得更好。

頭腦不會順其自然地「變好」，為了提升自己，必須主動「讓頭腦變好」，而學習就是提升自我最好的鍛鍊方式。

不管學習任何東西，只要告訴自己「比以前知道得更多了」，就能認同並接受學習，肯定學習對自己有益處。就像在玩角色扮演遊戲時，感覺自己的角色等級提升了。

你知道嗎？有時「動力」是後來才出現的。

有動力就會拚了命地去做，會產生想努力的念頭。

即使「完全沒有動力」時，也先做再說的話，當大腦受到刺激，就會逐漸湧出幹勁——這是大腦的機制。

舉例來說，你是否也有過這樣的經驗？

老師出了寫英文單字的作業，一開始做得非常不情願，但是隨著愈來愈得心應手，不知不覺就寫完了，進而產生「如果是這樣的話，再多也難不倒我」的念頭。

認為非做不可而開始去做的結果，原本覺得很討厭的學習也變得有趣。不是先有動力才做，而是在做的過程中，不知不覺打開激發動力的開關。

「因為非做不可才做！」

「主動去迎接幹勁！」

這也是種方法。

保持好奇心，轉換「被強迫」的心態

我認為，在國中生的時候非常容易進入「既然非做不可，那就做吧」的思考模式。

小學生也都是憑著一股衝動、勁頭去做。就像去補習，也不完全是因為熱愛學習，而是因為朋友都去了，自己也要去。

考國中也是，在父母的遊說下，產生「那就考考看吧」的念頭。因為國中考試要和父母一起挑戰，比起孩子本身的能力，更重要的是動員全家人的力量。然而，上了國中以後，無論父母再怎麼苦口婆心，只要自己提不起勁來，就不會去學習。

這時很容易覺得「為什麼非學習不可」，但重點在於「出於自己的意願學習」，一切都看自己怎麼面對。

一旦感覺「被逼著學習」，內心深處就會冒出想反抗的念頭、想逃避的心情。就算是「非做不可才去做」的事，產生「出於自己的意願學習」的念頭也很重要，而非在他人的強制下才去做。

因此，需要好奇心。要找回人人小時候都有、對知識的興趣和充滿期待的感覺。

學生的英文是「student」，這個單字的語源是拉丁文，原本的意思是「擁有熱情的人、全力以赴的人」。

希望大家知道，換句話說，「I am a student.」不只是「我是學生」的意思，同時也含有「我是個對學習有熱情的人」的意思喔！

只要開始感興趣，有趣的事就會增加

在我小的時候沒有網路，只能從電視或廣播、雜誌，來獲得有趣的資訊。升上國中，我開始聽深夜廣播，有生以來第一次接觸到「西洋音樂」。起初根本什麼都不懂，只覺得西洋音樂很酷，感覺自己彷彿踏進了大人的世界。

現代人從小學就要開始學英文，但我們那個年代的人是從國中才開始學英文。在英文課上學到「yesterday」這個單字後，感覺自己好像稍微聽懂了披頭四的〈yesterday〉這首歌。

我是先看翻譯成日文的歌詞，再比對英文的歌詞。聽著那首歌，身為國中生的我似懂非懂：「哦，原來是這樣的一首歌啊。」就像這樣陸陸續續地聽了很多披頭四的歌，例如〈Help!〉、〈Hey Jude〉、〈Let It Be〉……等等。

對西洋音樂的興趣與英文息息相關，英文有助於增加對西洋音樂的興趣。

英文老師還曾讓我們以約翰．丹佛的歌〈Sunshine on My Shoulders〉作聽寫考試題目，如果寫不出來就太丟臉了，所以我比以前更努力地聽各種西洋音樂。

因為迷上了西洋音樂，所以覺得英文很有趣。

現在的小孩接觸到英文的機會，比以前多太多了。像是在YouTube就能輕鬆地觀看外國人上傳的影片，日本歌手的歌詞也經常出現英文，有很多機會讓人想查查看：「這是什麼意思？」

不要認為自己是在學英文，建議把英文當成一種「工具」，透過英文可以了解更多有趣的事、快樂的事。

主動找出教科書裡的趣味

我很喜歡學習嶄新的事、未知的事，會為此非常開心。

第一次在化學課看到元素週期表時，我也非常激動。

元素週期表把所有物質的元素都整理在一張表格裡，換句話說，可以用寫在這張表上的元素說明浩瀚宇宙的所有物質（現在多了未知的「暗物質、暗能量」），這不是很神奇嗎？

當然，最早發明元素週期表的科學家也很厲害。而且科學不斷進步，不斷將新發現的元素加到週期表裡。

元素週期表

1	2	3	4	5	6	7	8	9	10	11	12	13	14	15	16	17	18
H																	He
Li	Be											B	C	N	O	F	Ne
Na	Mg											Al	Si	P	S	Cl	Ar
K	Ca	Sc	Ti	V	Cr	Mn	Fe	Co	Ni	Cu	Zn	Ga	Ge	As	Se	Br	Kr
Rb	Sr	Y	Zr	Nb	Mo	Tc	Ru	Rh	Pd	Ag	Cd	In	Sn	Sb	Te	I	Xe
Cs	Ba	*1	Hf	Ta	W	Re	Os	Ir	Pt	Au	Hg	Tl	Pb	Bi	Po	At	Rn
Fr	Ra	*2	Rf	Db	Sg	Bh	Hs	Mt	Ds	Rg	Cn	Nh	Fl	Mc	Lv	Ts	Og

*1	La	Ce	Pr	Nd	Pm	Sm	Eu	Gd	Tb	Dy	Ho	Er	Tm	Yb	Lu
*2	Ac	Th	Pa	U	Np	Pu	Am	Cm	Bk	Cf	Es	Fm	Md	No	Lr

一張這麼簡單的元素週期表，凝聚了多少科學家的智慧結晶啊！

想到這裡，我非常感動，心想：「要是這樣還不激動，還有什麼能打動自己呢？」

拜週期表所賜，我不再討厭化學，考試成績理不理想是一回事，至少我不再抗拒化學課了。

古文課讀到《徒然草》

時，我想到的是：「哇～兼好法師真是個很會說故事的和尚啊！」他說了許多讓我很有同感的故事。

有位爬樹的高手請人修剪長在高處的樹枝，當對方要從屋簷跳下來時，他告訴對方：「別急，下來時要小心一點喔。」兼好法師覺得很不可思議，問他：「明明爬到更高、更危險的地方時，你都沒有說什麼，為什麼反而在可以直接跳下來的高度出言警告呢？」

爬樹高手回答：「爬到樹枝很脆弱、很危險的地方時，自己會害怕，所以會小心，愈安心的地方卻愈容易出錯。」

聽到這句話，兼好法師認為：「比起危險的地方，人反而容易在明明沒問題的地方失敗」。我下意識聯想到自己參加社團活動打網球的事，心想：「原來如此，說得真有道理。」

諸如此類的故事有很多，不只爬樹高手，要是兼好法師聽完這些人的小故事，沒有寫下自己的想法，我也沒有機會知道這些道理。

我還曾經想過：「兼好法師好厲害呀！要是附近的寺廟也有和尚願意告訴我這些，我也想去聽他說話。」

學校課堂上教的事、教科書寫的內容都是百寶箱，裝滿了令人內心澎湃的寶物。

一想到教科書以淺顯易懂的方式為我們整理了人類珍貴的智慧，就能從不同的角度看待了。

比起現在課堂上教的部分，我更喜歡隨意地翻閱教科書，搶先閱讀自己認為有趣的地方。能搶先一步知道接下來要做什麼事，真的是很有趣啊！

不要小看「基礎」和「複習」

或許也有人會這麼認為：「齋藤老師，其實你以前是很喜歡學習的小孩吧？」我的好奇心確實很旺盛，對好玩的事物充滿興趣，喜歡學習新東西。

「學習」到底是哪裡討人厭，我想就是「基礎」與「複習」，因為是已經學過的東西，一點意思也沒有。

我不喜歡從基礎開始複習，討厭得不得了，自然也就提不起勁來準備考試。

國中時，有次期中考的數學成績慘不忍睹，我垂頭喪氣地跟好朋友提到這件事，朋友告訴我：

「你沒做學校發的考古題嗎？只要做了考古題，那些題目根本算不了什麼。」

「什麼！有考古題嗎？」

「有啊，你看。」

他拿出一本小冊子，標題寫著《基礎問題集》。

光看到「基礎」二字，我就表現出不以為然的反應，所以完全沒做。說實話，我根本忘記《基礎問題集》的存在。既然學校要我們看這本書，早知道就乖乖地照做了。

「原來如此，從基礎開始複習啊……」

當我做完《基礎問題集》，考試的成績馬上進步了，可見得打好基礎真的很重要！

檢驗是否有讀懂的「聊天式」學習法

我常常在想，該怎麼做才能讓學習變得更輕鬆，和朋友討論之後，我們想出一個方法。

兩人一組，從期中考、期末考的前兩週一起準備考試、一起熟讀同一個科目，然後告訴對方自己所記得的內容。

一個人負責說出自己記得的內容，另一個人負責糾正對方的錯誤，結束之後再交換。

我把這個自創的方法（盡力說出自己記住的教材內容），稱為聊天式學

習法。

如果單獨準備考試，通常都會以為自己都已經記住了，只是大致上記得，卻無法解釋給別人聽，那就只是填鴨式的知識。

而當為了講給對方聽，必須澈底將知識烙印於腦海，再用自己的說法表達，是很有效的記憶訓練。

我和這位朋友用這個方法來準備考試，最後兩人都考上了東大。

聊天式學習法，除了可以運用在準備考試以外，也能夠運用在與別人分享自己看書的內容、得到的知識，這都會讓你覺得自己的頭腦變好了，感覺非常愉快。

假設記憶為輸入（input），說話就是輸出（output），輸出才能讓頭腦變好。

採取這個做法以後，感覺自己表達知識的速度愈來愈快，也愈來愈流暢了，會發現「說話也是一種訓練」。

在看書或電視的時候，如果吸收到新知，也會想起：「啊！這個如果和那件事結合起來說明，一定很有趣。」

輸出學習法是享受學習樂趣的竅門，聊天學習法則是我把「教導他人」當成工作的起點。

數學竟然是整理思緒的方法？

就讀高中時，有件事讓我對數學的認識產生了一百八十度的大轉變。

有一次，補習班的數學老師看了我的答案說：

「齋藤同學，你的答案都對，但是沒有美感。」

「沒有美感？」

我大吃一驚，不明白解數學問題和「美感」有什麼關係。

於是，老師用別的方法解釋給我看，他的解題方法確實比較單純、乾淨俐落，非常有美感，我感到醍醐灌頂。

拖泥帶水地重複計算好幾次也是種解法，但也有經由整理、思考，就能如此乾脆俐落導出答案的方法。

原來凡事只要經由整理、思考之後，就可以變得如此乾脆俐落、有美感，真是令我眼界大開。

我不禁感歎，原來理解數學就能得到有條有理的思考邏輯、思考迴路，知道該怎麼看待事物。

經常有人會說：「一般人的日常生活中根本不會用到國、高中的數學，只要學會算數就夠了。」

但其實不是那樣的。就算不需要用到因數分解，因數分解的思考邏輯還是很有用喔！

把零散的東西用括號歸納思考，就能把思緒整理得井井有條、清晰有序。

能從這個角度切入的人，與認定「只有這個方法」而為此鑽牛角尖、相當煩惱的人，誰能活得比較如魚得水呢？

知道一件事情還有更多思考的方法，想法會更自由，生活也變得更輕鬆自在。

在自己心中種植豐富的森林

學習，可以拓寬自己的眼界。

「不學習也沒關係。」

「有比學習更重要的事。」也有大人會這麼說。

聽到這些話，大家很容易誤以為：「真的嗎？不用學習也沒關係嗎？太幸運了！」

可是，如果信以為真的話非常危險。

什麼是比學習更重要的事？各位目前還是學生，不讀書要做什麼？

如果要對方提出令人心悅誠服的論點，恐怕誰也無法說得讓人心服口服。世界上有許多不同文化的國家與社會，如果有什麼比學習更重要，更值得十幾歲的青少年去做的事，應該早就出現才對。

問題是，二十一世紀的現在，並沒有那樣的社會。

雖然確實有許多家境貧窮、不能去上學的兒童，但無論是什麼樣的社會，都不可以剝奪兒童就學的權利。

學習絕對沒有壞處，就算是現在覺得派不上用場的事，做也絕對比不做來得好。

「為什麼要學習？」—針對這個問題，我經常告訴大學生：

「學習，是為了在自己心中種下『他人的森林』。」

吸收前人各式各樣的智慧，學習從各種不同的角度看事情，可以讓自己變得更豐碩、更強大。

學習是為了有朝一日能發揮自己一路走來培養的能力，更堅強地活下去。

「他人的森林」裡，種植了形形色色、種類各異的樹。如果只有單一種類的森林，萬一發生病蟲害，出現大量會殺死那種樹的蟲，那片森林就會馬上全部枯萎。

如果種植不同樹種的森林，就不會全部毀滅。即使這種樹枯萎了，也還有其他種類的樹還活著。也就是說，即使一種思考方式行不通，也可以換成別的思考方式，這就是多樣化的優勢。

學習的目的，就是在自己心中種植一片多樣化的森林。

第二章

重點摘要

學習能讓自己活得更輕鬆自在。
擁有「知識」與「思考」的喜悅，
會讓生活充滿興奮與期待的心情。

重點在於
一點一滴地持續灌溉

第三章

學校不只是學校

不去學校也能學習

現在愈來愈多學生不想去上學，就算想去、也因為身體會變得不舒服而去不了，每個人的原因都不一樣。

即使沒有「受到霸凌」或「功課跟不上別人」這種明顯的理由，也有人無法去上學。

「有必要上學嗎？不懂為什麼非得去上學不可？」有這種疑問的人，大概也不少。

如果是為了學習，現在即使無法去學校，也有各種管道可以學習，像是利用遠距教學的學校、請家教來家裡上課、去補習班……等。另外，也有專門接住拒絕上學的人的系統，像是自由學校（free school）[1]或適應指導教室[2]。

以下來討論看看：既然不去學校也能學習，那麼，為什麼還要上學？

1 是正規學校的替代機構，可替代義務性教育，但是不會授予學位證書。

2 協助中途離校學生銜接就學，或轉而就業。

學歷相當於社會的通行證

在江戶時代的日本，旅行時需要許可證，也就是所謂的「通行證」。如果無法在通關處出示通行證，就無法進入，等同於現在的護照。

從哪個等級的學校畢業，就相當於社會人的一張通行證。

國中畢業和高中畢業可以做的工作不一樣，薪水也不一樣，高中畢業和大學畢業當然更不一樣了。

說得直接一點，能不能出人頭地，從哪所大學畢業影響很大；幾乎全世界都一樣，一個人在社會上的地位取決於這個人從哪所學校畢業。雖然和以前比起來，現在已經沒有那麼重視學歷了。

在過去，只要能考上好大學、進入一流企業，待遇及薪水都不用擔心，可以過上穩定又幸福的人生，所以主流趨勢會認為只要找到工作，就能在終身雇用制的庇蔭下工作到退休，因此學歷的影響至關重大。

然而，現在就算是大企業，也可能突然說倒閉就倒閉，不是毫無風險，畢業時找到的工作不一定可以做一輩子。

如果轉換跑道，學歷將變得次要，而決定錄取、升職加薪與否的關鍵，是能力高低及過去實務上的成績。

從這個角度來說，現在比以前自由許多。

不過，這也只是少部分公司的情況，因為比較罕見，所以很容易引起話題。以日本的社會現狀來說，重視學歷的情況其實並沒有多大的改變。

雖然不能以學歷決定一切，但學歷愈高，對自己確實愈有利。假設兩個人的筆試成績一樣，在面試時要挑選出其中一個人的話，一流大學的人錄取的機會比較大。

高學歷的人也有比較多選擇，雖然我很想說「只要有心，學歷高低沒關係喔」，但有時候還是可能會因為學歷不如人，而無法跟別人站在同一條起跑線上。

高學歷的人因為能找到收入比較高的工作，所以賺的錢通常也比較多。這，就是社會的真實樣貌。

現實，是很殘酷的

「我討厭這種社會。」

「我不認為一定要考上好學校、進入好公司才算幸福。我不想過那樣的人生。」

「不想得到那張通行證。」

或許也有人這麼想，這是每個人的自由。

不過為了生活，勢必得工作賺錢，到時候就會一頭撞上現實。

如果連高中都沒畢業就出來找工作的話，立刻就會撞上那堵現實的高牆。

高中都沒畢業的話，等於學歷只有國中畢業，可以從事的工作少之又少、收入也不高。

不只如此，能做的工作內容如果不是很危險，就是很辛苦，到時候才發現擋在面前的牆壁比想像中更厚。

這，就是社會的殘酷面。

實際上，有許多高中輟學後來又改變主意，決定「想再回高中上學、想取得高中畢業的證書、想上大學」大有人在。

現在，即使不上高中，也能透過考試取得高中畢業的證書。

現在入學大學同等學力認定標準，可以採取「高中畢業程度學力鑑定試驗」，通過後可以取得與高中畢業同等學歷的證書，也能得到大學或專科學校的報考資格。

我所任教的大學也有透過這個管道來到我們學校的學生，可見得即使沒上高中也能讀大學。

由此可知，人生可以重新來過，只要重新來過，就能以別的方法再次踏上另一段人生旅途。不過，**重新來過比一直待在學校裡需要付出更多的努力。**

雖然即使不去上學，也有別的活路，但絕不是一條平坦的康莊大道。

我希望各位都能盡量避免做出只因為「我受夠了」，就一時衝動不去學校的選擇。

青少年還不太會控制情緒

許多國中生雖然體格與成年人相近，但大腦和身體都還在發育，不算是長大成人，青春期的荷爾蒙也很不穩定。

根據法蘭西斯．詹森（Frances E. Jensen MD）博士的書《青春期的腦內風暴》（*The Teenage Brain: A Neuroscientist's Survival Guide to Raising Adolescents and Young Adults*）指出，十幾歲的青春期是學習能力的黃金期，但也因為大腦尚未發育完成，還無法完全控制全速運轉的腦袋，很容易動怒。

由此可知，青少年的大腦尚未發育完成，還不太會控制情緒。

腦中最晚成熟的部分是「前額葉皮質」，這是控制感情及衝動的部位。當前額葉皮質妥善發揮作用，與大腦其他部位充分連結，就能控制衝動的情緒。

換句話說，抑制衝動的機能是腦中最晚成熟的部分，而國、高中生剛好處於那個過渡期，因此不太會控制情緒。

一般認為心情容易變得不穩定，動不動就發脾氣、變得暴躁易怒，是因為青春期變得活絡的性荷爾蒙會刺激大腦的「杏仁核」。

受到荷爾蒙的影響，杏仁核會過度反應，產生大量不安或恐懼的感覺，很容易情緒失控。

只要前額葉皮質能控制激化的感情，情緒就會冷靜下來。

前額葉皮質在靠近額頭的地方，可以藉由朗讀等學習方式來強化這個部位，可見得學習也具有控制情緒的力量。

大家都說國、高中生沒有耐性、很容易因為一點小事變得自暴自棄，很容易衝動誤事。

是不是感覺「被說中了」？

但與其說是你的心態或性格有問題，其實是因為大腦與身體還在青春期的狀態所致。

只要熬過這幾年，現在這種令人窒息的感覺就會消失。

當大腦成熟，腦內取得平衡，因一時情緒失控而暴走的情況就會減少，也能冷靜地處理事情。

希望各位一定要了解並記住這一點。

這麼一來，就能避免因為直來直往的情緒深深地傷害別人、拒絕上學，甚至是避免想傷害自己的情況。

去學校是為了與人相處

我們再回到「為什麼要上學」的主題。

學校是學習的地方，事實上，還有比學習更重要的意義：每天與人的相處，**培養在校規下生活、成為團體的一員、懂事地與其他人相處的能力。**

學校裡聚集了各式各樣的人，每個人生長的環境、性格、思考方式都不同。有些人很合得來，當然也有合不來的人，學校就像是個小型社會。

身為學校的一員，每天都會發生很多事，在那些風暴中努力地與他人相

處，也是事先練習如何在未來的社會環境中生存。

每天早上去學校上課，與朋友建立關係，因此歡笑、生氣、煩惱、哭泣，連討人厭的考試也勉為其難地準備。

就算只是每天待在那裡也沒關係，即使只是漫無目的地去上學，也能掌握到將來在社會上活下去的訣竅，這就是去學校的好處，也是最重要的意義。

事實上，如果能再加上不同年齡層的人，更像一般社會。像是參加社團活動，透過學長姊、學弟妹的上下關係，可以在一、兩歲的年紀差距下學會如何與年長者、年紀比自己小的人交流。

透過上學的經驗，可以練習與不同年齡層的人相處，早一步習慣與人起衝突。

大家有走過四方通行的十字路口嗎？就是行人從直的、橫的、斜的方向都能過馬路的十字路口。

日本最有名的四方通行十字路口，莫過於東京澀谷站前的大十字路口，人多的時候，一次綠燈就有將近三千人左右過馬路，外國觀光客經常在這裡拍照或拍攝影片。明明人這麼多，卻完全不會相撞，大家都井然有序地擦身而過。

國外也有這種四方通行的十字路口，但是像日本的人數這麼多，大家卻一臉稀鬆平常地穿越馬路，實在很神奇。

還有外國人說：「好想知道日本人到底是怎麼養成這種亂中有序的直覺。」

不習慣走在洶湧人潮中的人，可能會覺得四方通行的十字路口很可怕，不敢過。擔心會撞到別人，不敢踏出第一步，甚至有人會感到雙腿發軟的地步。

想要泰然自若地穿過四方通行的十字路口，其實不需要什麼特殊的技術。

只要「習慣」就好，習慣人與人的距離感、呼吸節奏、走路速度。

習慣了以後，就能毫不費力穿過人與人之間的空隙、穿過四方通行的十字路口。

適應人際關係，也是類似的道理。

想要習慣，就要不斷練習

沒有走過四方通行十字路口的人，突然想經過的時候，可能會因為不熟悉而撞到很多人；也可能停下腳步在原地張望時，燈號已經變成紅燈了。

「這些人怎麼都橫衝直撞的？這裡一點也不友善，我再也不來了。」

如果產生這種想法，放棄挑戰，就永遠都不敢過四方通行的十字路口。

無法順利通過與能力無關，只是因為沒有練習，還不習慣而已。

為了習慣社會，只能實際從日常生活中累積各式各樣的經驗。

從經驗中學習為什麼會與人起衝突，像是「說這種話會惹朋友生氣」或「做這種事會惹社團的學長姊不高興」，就能逐漸掌握人與人之間的距離。

國小、國中、高中加起來長達十二年，每天都有許多諸如此類的零碎經驗，累積起來就會成為非常驚人的經驗值，**去學校是培養人際關係的基礎能力最確實的方法。**

我們度過學校生活的時候，大概不會明確地意識到「現在上學，是為了培養人際關係的能力」吧？但我們就是在每天的生活中，不知不覺地養成足以面對各種突發狀況的能力，不知不覺地培養出社會性。

培養人際關係的能力，也能拓寬自己的世界，如果能接受各種狀況，就代表你的世界已經打開了。

就算本來對人際關係不是那麼擅長，也希望各位能好好地適應未來的社會。

遺憾的是，現在這個社會要求的溝通能力愈來愈高。

在規模還小的社會中累積習於人際來往的練習，有助於我們適應現在的社會，活得更自由自在。

別太擔心，只要隨遇而安就可以

生活中有各種自己無能為力的事、令人感到憂鬱的人際關係、覺得「好討厭啊」的事情。

例如跟班上合不來的同學相處，令人心力交瘁；社團的學長姊、學弟妹的階級關係，也令人身心俱疲。

尤其是性格比較敏感、認真的人，更容易覺得自己置身於令人喘不過氣來的狀況。

如何克服「當前的苦惱」，就是你們現在的挑戰。

鴨長明的《方丈記》開頭有這樣一句話：

「……ゆく河の流れは絶えずして、しかも、もとの水にあらず」

這句話的意思是：「河流的水一直不斷的流動，但那並不是相同的水，永遠有新的水不斷地流過。」

時間的洪流也一樣。

如果覺得每天都很痛苦，甚至覺得痛苦的事情不會改變，只會永遠持續下去，就會令人感到沮喪與無助。

但是隨著時間經過，情況就一定會改變。

就算班上有討厭的同學，只要重新編班，或許就能遠離對方。

即使是討厭的學長姊，等到他們升上三年級就會退出社團，畢業之後就會徹底消失，自己也會升上高年級。

重點在於不要老是哀聲嘆氣：「討厭、煩死了，我再也受不了了！」而是靜靜地「撐過去」。

不妨想像討厭的事物會像河水般不斷流逝，或是想成颱風過境也不錯。狂風暴雨固然可怕，但風雨不可能永遠持續下去，颱風遲早會離開。如果拿討厭的事情束手無策，就先隨遇而安吧！

學習也是同樣的道理，就算再討厭學習，再不想上學，總有一天會離開學習的環境。

考試也只會出現在人生中的某個階段，準備考試這件事遲早會告一段落，總有一天會迎來不用考試的日子。

現在的苦惱，不可能永遠持續下去。

討厭的事、痛苦的事，就像颱風一樣遲早會過去的——只要這麼想，心情是不是變得比較輕鬆了？

有需要的話，請隨時推開逃生門

即使採取隨遇而安的方法來應對，有時候也會發生無可奈何的狀況吧？像是真的很過分、很嚴重的霸凌，老師非常不講理、不願意了解學生，學校的風氣與自己格格不入……這些都是令人非常煩惱的狀況。

就像颱風來襲時，如果待在家裡很危險，就必須去安全的地方避難。

如果會傷害到自己，就必須先跑再說。

這並不是膽小鬼的行為，而是為了保護自己必須做的重要決定。

公共的建築物或交通工具都會有「逃生門」，是為了因應發生緊急情況時的出口。非常時期來臨時，請推開那扇門，當你覺得自己再待下去會想不開的時候，就可以從逃生門逃走。

不逃的話，可能真的會出人命！請先逃走，保護自己的生命，未來才有別條路可走。

逃生門，是指與你願意信賴的大人談一談。

像這種時候，比起年齡相仿的朋友，找大人比較好。無論再怎麼合得來，再怎麼了解彼此，大家的年紀所知道的世界還是太小了。

大人累積了各種不同的生命經驗，知道許多事，可以從更客觀的角度看事情，因此，可以借助大人的力量幫助自己。

如果不方便告訴家人，請向生命線（1955 協助專線）或張老師求助，一定有大人會非常願意幫助你。

逃離痛苦的狀況，找出好好活下去的方法。真正聰明的人，讓自己具備能想到「人生還有其他路可走」的彈性思考。

第三章

重點摘要

請把學校當成可以了解各式各樣的人、練習與人相處的地方。

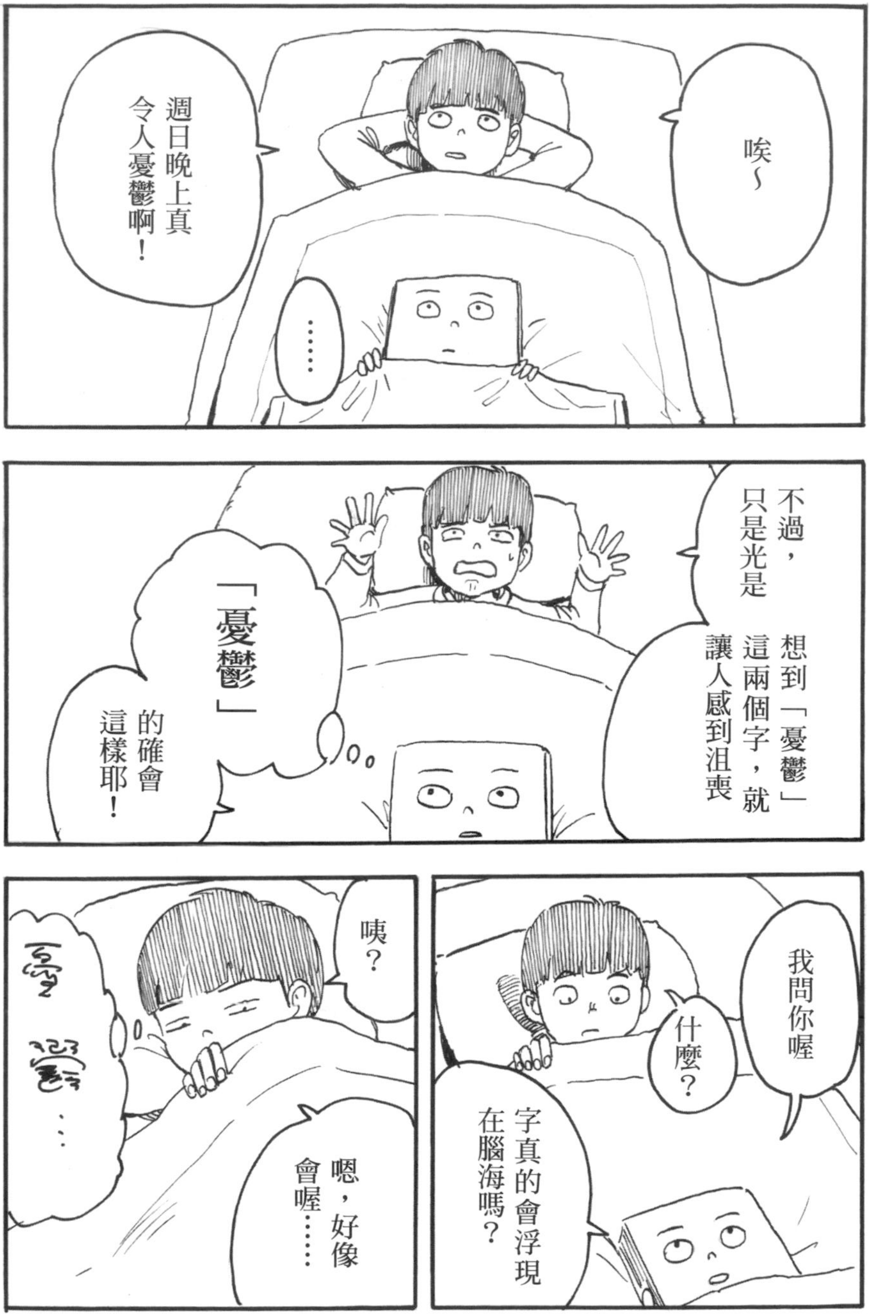
唉～
週日晚上真令人憂鬱啊！
……
不過，只是光是想到「憂鬱」這兩個字，就讓人感到沮喪
「憂鬱」的確會這樣耶！
我問你喔
什麼？
字真的會浮現在腦海嗎？
咦？
嗯，好像會喔……
憂鬱…

第四章

考到高分的讀書技巧

思考戰略及戰術

即使已經決定只想讀普通的國、高中，考普通的大學，有人會從很早就開始一步一腳印地準備，也有人則等到火燒眉毛才開始認真思考這件事。

國、高中生除了學習以外，有其他興趣能全神貫注也很重要，因此要怎麼過求學生活是每個人的自由。

只要事先想好要以什麼樣的策略或戰術，準備學校的功課與考試，同時還能熱衷每天想做的事。

只要擬訂好戰略，就知道「現在該做什麼」。

如果一直處於漫不經心的狀態，最後大多會後悔莫及。

以下就拿我自己的故事為例，從考國中、考高中、考大學到考研究所……我有比其他人更多的考試經驗。

參加國中考試是小學生特有的玩票心情。家人問我：「如何？要不要考考看？」就想嘗試沒做過的事。

我考上的是位於故鄉靜岡的國立大學附設中學，那所學校的校風十分自由，我加入了網球社，一、二年級過得非常輕鬆愜意。

我很討厭準備考試，真的非常討厭。在前面提到「聊天式」學習法的時候說過，我和朋友研究出這種像是在和對方聊天一般的學習法，安然度過了期中考和期末考。

即便是做自己喜歡的事、與朋友一起過得極為輕鬆愜意的國中生活，到了三年級就不能再每天無憂無慮地過日子了，因為這所學校沒有附設高中。

如果是可以直接從國中升高中的學校，只要考上國中，就可以直升高中，有六年都不用擔心升學問題，但我就讀的學校沒有高中部。因此，如果要念高中，就得再參加一次高中考試。

國中三年級，社團活動也結束時，我不得不面對這個現實。

我只報考了一所有興趣的公立高中，萬一沒考上就沒地方去了，因此勢必得認真地準備考試。

不希望選擇受到限制

我和一起以聊天式學習法準備考試的朋友討論——

「你要考哪所學校？」

「為何非準備考試不可？」

我們得到的結論是，「朝最高目標前進」！

我無法忍受別人用瞧不起的語氣說：「原來你是○○高中的啊！」不喜歡別人對我的印象會因為我上哪所高中而有所不同。

我們討論著至少要去到能力所及的頂點，才不會被瞧不起。

另外，光是考上高水準的學校，就能得到許多來自周圍同伴的刺激。打網球也是，唯有遇到實力相當的對手，才能激起士氣，還能增進實力。我認為置身於那樣的環境中，比較容易考上高水準的大學。

總之是基於**不希望未來的可能性因為讀的學校而有所限制**的初衷，「你是△△大學的學生，進不了我們公司喔！」我想避免這樣的狀況。

我當然不認同這樣的歧視，但現實社會裡到處存在著這樣的門戶之見，我不希望到時候才來悔不當初。

如果人生因為現在沒有認真準備考試而受到限制，到時候一定會後悔當時為何不好好學習呢？

早知道就更認真一點了！

因此，乾脆「朝最高目標前進」！

我下定了決心，只能認真地準備原本討厭的考試了。

選擇適合自己的做法

我的個性不太適合每天腳踏實地、按部就班，雖然有辦法集中精神，但只有三分鐘熱度。

若是以鎖定目標、採取短時間決戰的做法，比較能提升我的效率。

我平常的生活是以社團活動為主，可是當期中考、期末考逼近，大約從考試的兩週前、一口氣集中精神讀書，是我擅長的做法。

我的高中生活分成「社團活動期間」與「準備考試期間」，楚河漢界，涇渭分明。

但是，考大學跟期中考、期末考不同，屬於長期抗戰。該怎麼做才能堅持下去，不要只有三分鐘熱度呢？

我想到的辦法是「在兩週之內全力集中精神」的做法。

擬訂每兩週加強一科的目標，以「現在是英文集中強化週」、「接下來是數學強化週」、「下週是世界史強化週」的概念，每兩週研究一個科目。

花兩週時間澈底地搞定某個科目，就能明顯感受到自己有相當大的進步，非常有成就感；當自己能夠達成目標時，感覺相當滿足，心情也很痛快。

祕訣在於不要連續讀類似的科目。

可以唸完兩週的世界史以後，接著換成練習數學，將用到大腦不同部位的科目巧妙地組合起來。

如果連著好幾週都是需要記憶的科目，光是想到背誦都會反胃。

採取適合自己的做法，就不會感到疲憊。

像我這種比較適合短時間內集中精神的人，「兩週澈底強化學習法」是比較不容易疲憊，也比較不容易厭倦的方法。

相反地，也有人適合每天腳踏實地、平均複習每一個科目的方式。對於專注力能比較持久的人來說，也許這是不會讓他們感到疲憊的做法。

請試著思考，哪些是能讓自己持之以恆、又不感到疲憊的做法？

專屬自己的獨特戰術，一生都受用

現在，我就連在寫作的時候，每當截稿日逼近，我就會引擎全開、非常專心。比起還有充裕的時間，在有限的時間內，我的腦袋反而比較靈光。

如果是學生時代就兢兢業業學習的人，應該也會採取每天一點一點仔細完成工作的做法。

「這樣才不會累」、「這樣比較有進度」、「這樣才能樂在其中」，**適合自己的學習模式已經滲透到身體裡，往後學任何東西或長大成人出社會工作的時候，都會採取適合自己的做法，逐漸成為自己拿手的風格。**

現在回想起來，透過與人聊天的方式來記憶所學，這是最適合我的戰術。因為以前在準備考試的時候一直運用這個方法，累積了許多與人說話的經驗，現在在大學教課或演講時，即使連續講上好幾個小時都不會累。

所謂的戰術，不見得是多厲害的技巧。

舉例來說，透過不同顏色幫助記憶的人，可能會用不同顏色的簽字筆或原子筆來畫重點，這樣的模式就可以當成自己的獨特戰術，取個名字叫「分色式學習法」。

我自己在閱讀和學習的時候，習慣將重點畫線來整理思緒，後來演變成「三色原子筆記憶心法」。

藍色的線代表次要的重點、紅色的線則是主要的重點，在自己主觀認為有趣的地方用綠色的線標示。分成這三種顏色來畫線，就能突顯出一定要記住的部分，一併將重點整理得有條不紊。

用在學習上，就成了「三色原子筆學習法」，用在閱讀上則成為「三色原子筆閱讀術」，這種做法也可以運用在抄筆記上，稱為「三色原子筆摘要術」。

動腦時習慣性地採取以三種顏色劃分重點的思考方式，久而久之就能讓這種思考模式變成自己的技巧。

大家專屬的獨特戰術，也能成為一生都受用無窮的技巧喔！

要先建立自信

找到能讓自己不容易感到厭倦的做法後，就會有了「我能做到」的心情，從而建立自信。

對學習的科目也一樣，讓有自信的科目變成拿手的科目，就能增加自己的優勢。

小學時很擅長運動的人，會覺得自己「運動神經很好，很擅長運動」。

但其實可能只有跑得快這點比別人強，球打得不太好，身體硬梆梆，體操也完全做不來。

可是跑得快的孩子，通常會覺得「自己很會運動」。

一旦在某方面有了自信，就能提高對自己的評價，從而產生肯定自己的「自我肯定力」。

同樣地，若先找到一個擅長的科目為自己建立信心，就能湧出自我肯定感，不再覺得「我不夠聰明」。

無論是「我本來就很喜歡生物，所以選生物好了」，還是「我是鐵道迷，所以選地理」，什麼都可以喔！

以自己喜歡的東西為基礎，再讓與之息息相關的科目成為自己擅長的科目，是最自然也最容易實現的做法。

學會英文，對考試和未來都有好處

在考試方面，學好英文是很大的優勢。不論想考文組還是理組，英文都是必要的考試科目，而且許多學校都非常重視英文分數。

英文是國際通用語言，所有人都能使用。只要付出努力，每個人都能學會流利的英文；不會發生再怎麼努力都無法進步、無法理解的情況。

英文，是肯努力就能有所收穫的科目。

就算現在不怎麼擅長英文，只要能喜歡上英文，就能拿出幹勁。重點在於別討厭英文、別產生害怕英文的感覺。

不只是準備考試，即使長大後出了社會，英文還是非常重要、必須不斷精進的語言，所以希望大家不要排斥英文。

「不會英文也沒差啦……」

這樣自暴自棄的話，在漫長的人生旅途中會是非常可惜的一件事。

假設，各位想在 YouTube 上發表一支影片，用中文編輯的話，只有懂中文的人會看。**但如果改用英文投稿，就能以全世界為對象，這機會就等於從國內躍上國際**。

現在就是這樣的時代，千萬不要放棄學習英文的念頭，否則就太可惜了。

英文是考試的關鍵！

英文一旦變得拿手，就能掌握考試的關鍵，更容易突破好大學的關卡。[3]

舉個例子，社會組學生的大學考試科目是國文、英文、數學與社會科。

社會組學生的數學普遍較弱，而國文除了文言文考背誦、修辭外，還有需要有閱讀理解力的白話文。

不過，白話文需要大量地課外閱讀才能培養理解力，也不容易準備考試的方向。

但是英文只要練習就能進步，所以很容易拿到高分，這麼一來，只要再專心準備社會那科，就能充分應戰。

此外，自然組的學生通常比較擅長數理，國文及英文可能不太拿手，因此只英文讀的好就很有優勢。

聯合招生中的繁星推薦計畫、申請入學與分發入學，學測中的國英數都是主要採計的項目，因此只要英文能拿高分，就能彌補分數不太理想的科目。

無論你心中的第一志願是不是國立大學，只要能日積月累地學好英文，要做什麼都比較容易。

但是，並不是只有英文有價值，每一科都很重要，每一科都有其意義。

只不過，以目前的考試制度來說，英文確實是在分數上比較容易看到學習成果的科目，而且學會英文好處多多。

經常有人說「什麼，你考上那所學校啦？好強喔」或「好厲害啊，你一定很聰明」，**但決定性的關鍵，是每個人不同的考試戰略。**

應該採取什麼樣的戰術比較好呢？為了在考試中取得勝利，不是只要努力學習就好，採取適合自己的成功戰略也很重要。

3 台灣與日本的考試機制稍有不同，以下內文會稍作調整以符合台灣的現況。

具備國文的應考能力

那麼，國文這一科又該怎麼準備呢？

正確地聽、說、讀、寫，是國文的基礎。

我們從小到大在日常生活中學習得的語言被稱為「母語」，以中文為母語的人，無論學什麼都是用中文來學習。

與人溝通時，也是用中文表達自己的想法；萬一不擅長中文，有許多情況都很吃虧，無法盡情發揮，因此培養中文能力是最基本的。

只不過，在考試科目中最常被認為「不知道該怎麼學習」的也是中文，尤其是白話文。

文言文只要記住文法就能進步，但是白話文無法靠記憶來理解，需要有閱讀理解力，也沒有所謂的絕對答案。

努力學習不一定能看到成果，雖然也有不用努力學習就能理解的人。

因為是中文是語言的一種，應該沒有人學不會才對。只要練習就能進步，如果還不會，表示閱讀量還不夠。

因為是要一輩子都要用到的語言，所以不能讓自己的表達一直處於詞不達意的狀態。

我認為國文能力可以歸納成「語彙力」與「文脈力」，也就是

語彙力＝增加會用的詞彙量

文脈力＝掌握文章的意思

以英文為例，大家都會拚命地背單字吧？只要增加能用的單字、認識的

單字，就能增進對英文的理解。

那麼你的中文單字量，有增加嗎？

小學的時候會學習寫國字，但大家好像都不知道該如何增加詞彙量，也就是增強語彙力的學習。

你的文脈力呢？

文脈力指的是閱讀理解的能力，是否能掌握文章想表達的涵義。

在對話時，能掌握、理解對方想表達的意思，做出適當的反應、回答對方的問題。

在閱讀或寫文章時，與人說話、聽人說話時，我們會同時用到語彙力與文脈力。

你是否學會了如何掌握語意的文脈力呢？

如何鍛鍊閱讀理解力？

以學習英文為例，在累積單字實力的同時，也要用文法學習文章的語法。但就算掌握文法，也不一定理解文章想表達的內容。

透過前後文的關係、情境與作者的立場，有助於加深理解文章內容，這就是掌握文章脈絡的能力。

數學題也不例外，如果無法解讀文章的脈絡，有時候還會搞錯題目的意思。

與人對話時前言不搭後語的人，理解文章脈絡的能力較弱。無法掌握對話的走向及語意，因此無法正確地理解對方在說什麼，導致答非所問。

該如何鍛鍊理解文章脈絡的能力呢？那就是多看書。

多看書，自然而然就會鍛鍊語言能力，因為看書就是為了理解書裡寫的意思，所以能練習抓住文字中的含意。

舉例來說，推理小說看到一半，發現作者若無其事藏在字裡行間的伏筆：「咦？這裡是不是怪怪的？」當想像力開始馳騁時，就會覺得更有趣。如果沒有發現伏筆，即使最後結果揭曉，也只會覺得：「哦，這樣啊！」沒有太多的感動就這樣結束了。

是否能掌握文章脈絡的能力，在於對書中的內容能理解到什麼程度，是否能引起興趣。

當你擁有理解文章脈絡的能力，就能更享受閱讀，會讓熱愛閱讀的人更渴望閱讀。

漫畫也一樣。

把故事畫成圖案，只要能注意到藏在畫面或對話裡的小細節、小用心，就能比只是漫不經心地順著劇情看下去更有趣、更樂在其中。

連續劇、電影、與人對話也是相同的道理。

因此，我認為比起準備國文科的考試，在每天的日常生活中「鍛鍊理解文章脈絡的能力」，才是最有效的學習法。

為什麼要學習不擅長的科目？

「我討厭數學。分科測驗可以依校系所採用的考試科目自由選考，所以我打算放掉數學，只準備要採計的科目就好。」

這或許也是一種策略。不過只想著「可以不用管數學」的話，就算是社會組，心目中理想的大學也可能會從選項中消失。

如果心中理想的大學就在家裡附近，可以直接從家裡去上課，這與考上外地的大學，一個人離家生活，對經濟的負擔有很大的差別。

就算父母願意供自己念大學，也不能不考慮在外地唸書的費用問題。

只因為「數學是瓶頸」就縮小自己的選擇範圍，我認為並不聰明，最好的方法是盡量給自己多留一點可能性。

討厭數學的人，通常也不怎麼喜歡自然科。因為數學需要建立循序漸進地思考，進而導出一個解答的理論性思考能力。自然科也是根據某個論述，累積科學的理論或實驗的學術領域。從客觀的角度冷靜地看待事情，其實是數學與自然科的共通點，千萬不要認為與自己無關喔！

踢足球時，慣用右腳的人如果想用左腳踢球，多半踢不太好。但，只要持續練習就會有所進步。

持續精進用右腳踢球的技術，可以提升射門的命中率。但是如果兩隻腳都能踢球的話，就可以左右開弓練習更多招式。

學會原本不擅長的事，就能讓自己的行動更自由。簡單地說，就是變得更強、更可靠。**學習克服不拿手的事情，學校是最適合的場所。**

改善挑食問題的機會

高中有很多選修的科目，會因為「這個我不喜歡」或「我不需要那個」而避開某些科目，很容易變得挑食。

然而，學校的好處，就是能讓你嘗試那些永遠不想自己一個人做的事。

社會組的人不太可能自己主動學習微積分，熱愛數理的人大概也不會主動讀文言文吧？因為是學校的科目之一，才會有了這些「非做不可的事」。

就像自以為不喜歡、但是吃了以後反而覺得很好吃那樣，有些事做了以後才發現意外地有趣。在學校裡，很容易遇見那些事。

從這個角度來說，也不能小看不用考的科目。

在學校的學習基本上都有一個共通點，那就是「培養思考能力」。因此，如果希望更靈活地思考、更能融會貫通，最佳的方法就是每個科目都學習。

藉由各種不同的嘗試，來培養整體的綜合能力，這將成為未來在社會上通行無阻的基礎實力。

與人的相遇也一樣，學校裡有千奇百怪的人。起初覺得好像跟自己合不來的人，認識了以後，可能會變成非常好的朋友也說不定。

曾經付出的努力絕不會白費

我也花了許多時間在準備考試，也曾經想過好像做了許多沒有意義的事。不過，我原本就不是勤奮的人，如今能在大學教書、出書、去各地演講、上電視或廣播節目。每天如此認真、勤勉地工作，都是因為曾經有考試這個目標，進而養成學習的習慣。

之所以能接到各種委託，如實地完成工作，也是托過去準備考試的福。想到這裡頓時恍然大悟：「其實那段日子並沒有白費！」即使原因是「為了考試」、「因為非做不可」，努力做過的事，一定會成為自己的養分。

第四章

重點摘要

考試是找到自己的優勢、發現適合自己的戰略。

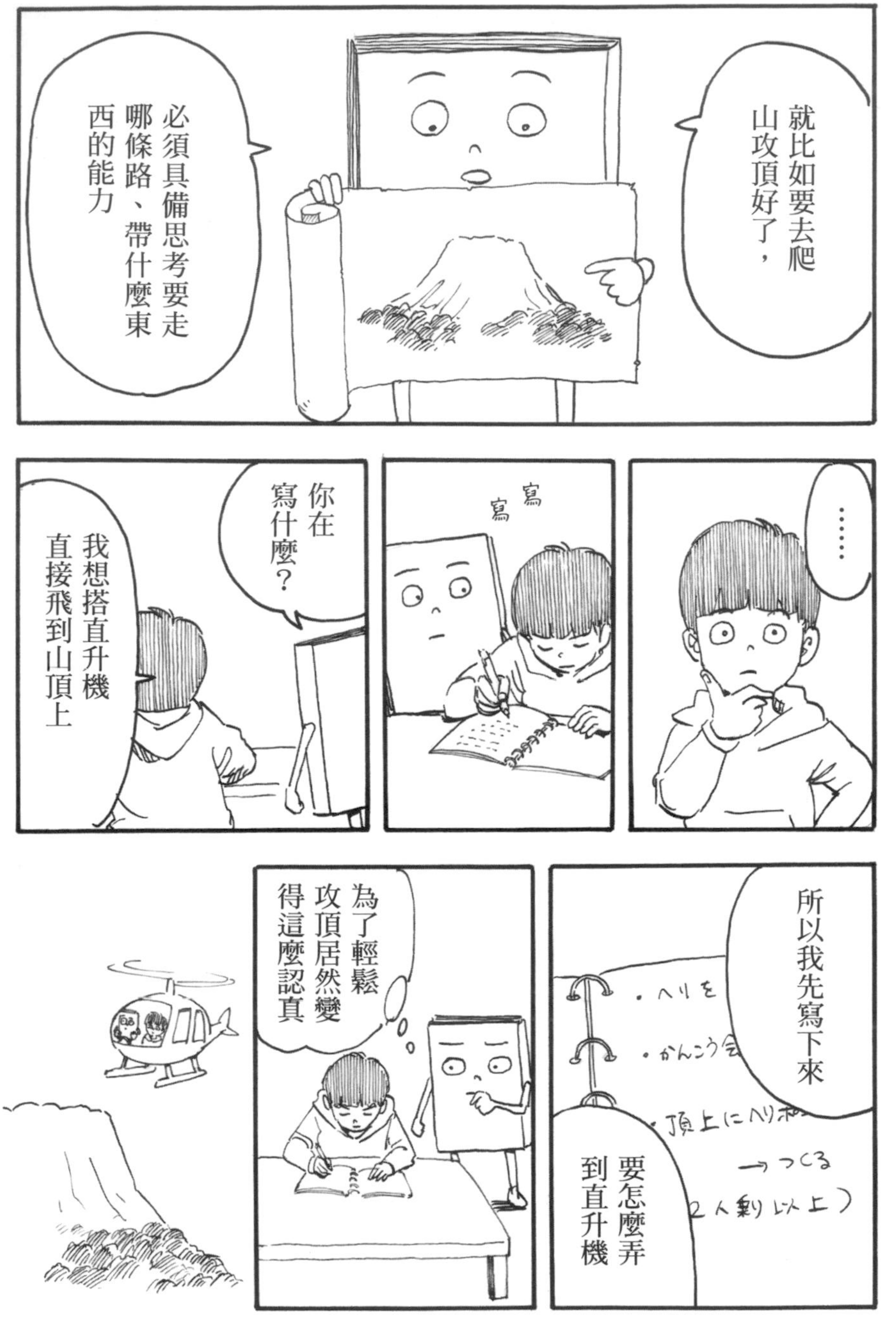
就比如要去爬山攻頂好了，
必須具備思考要走哪條路、帶什麼東西的能力
……
寫寫
你在寫什麼？
我想搭直升機直接飛到山頂上
所以我先寫下來
・ヘリを
・かんこう会
・頂上にヘリポ
→つくる
（2人乗り以上）
要怎麼弄到直升機
為了輕鬆攻頂居然變得這麼認真

第五章

如何養成閱讀的習慣？

書是通往世界的「任意門」

我曾在電視上看到歌手ＪＵＪＵ小姐說過以下的話：

「書可以帶領我們進入新的世界。對我而言，書就像是哆啦Ａ夢的『任意門』。」

「書是任意門」——這句話說得很好，翻開書本，就能看見各種不同的世界。

作者透過書寫呈現自己的想法，讓我們能夠知道他的觀點。明白與理解書中知識的喜悅，還能享受到「想像」的樂趣。

現在有許多可以徜徉在虛擬實境（virtual reality）中的裝置，其實書才是虛擬實境的始祖。

不同於撼動人心的畫面或立體的音效，看書是必須自己主動閱讀文字描述的情境，主動踏進書中的世界、積極地抓住書中的情境氛圍，才是書本的魅力。

只要啟動自己的想像力，就能無邊無際地延伸肉眼看不見的世界，想像力是無限自由的。

在想像的世界裡盡情地遊玩，也許是生活中最奢侈的樂趣。

如果不能享受書本這個「任意門」，真的是非常可惜。

寂寞的時候，就看書吧！

只要有書，就不會有無聊得不知所措、寂寞到不知如何是好的情況發生。

現在的小孩都快要不能沒有手機了，無論是通勤時間，還是走在路上，在家裡也片刻不能放下手機。

雖然學校會禁止學生帶手機到校，但大家只要一踏出校門，想必會立刻從書包裡拿出手機吧？

如果不隨時與某個人、某個地方保持聯繫，會覺得悵然若失。

但我想，即使保持聯繫，還是會經常感到孤單。

因此，我想大聲呼籲：

「寂寞的話就去看書！感到孤獨的時候也去看書！」

基本上，閱讀的時候都是一個人，沒有人會在看書的時候覺得好孤單啊、或是寂寞得快要發瘋了。

因為看書的時候，心是打開的。

閱讀，就是與作者對話。

不只作者，也能與出現在書裡的人物心靈相通。

因此閱讀的時候雖然是一個人，卻不會感到孤單。

某位兒童作家說：「我從小體弱多病，只能看書。可是只要有書看，我就不覺得寂寞。後來，我也成了兒童作家。」

只要有書，一個人待著的時候也不會感到寂寞；只要有書，人就能擺脫孤獨的感覺。

有人和你在煩惱相同的事

以小說《火花》榮獲芥川獎的又吉直樹先生，說他國中時代就開始大量地閱讀太宰治及芥川龍之介的作品。

又吉先生在《跨過漫漫長夜》（夜を乗り越える）這本書裡描述他閱讀太宰治的《人間失格》時的心情：

「這本書的主角一直在我的腦子裡說話，和我一起聊天。」

當他認為沒有人了解自己的心情、覺得只有自己陷入煩惱的深淵時，看了《人間失格》，發現有人跟自己一樣煩惱、一樣鑽牛角尖。

覺得「我也有這種感覺」、「我懂、我懂」，因而產生共鳴，與書對話就是這麼一回事。

又吉先生在自己的書中寫道：

「遇見書、遇見近代文學，知道有人與自己懷抱著相同的煩惱，這點對我意義重大。透過閱讀與書對話，我感覺自己終於知道該怎麼與他人、自己相處了。」

人際關係不順利、煩惱著自己「這樣真的沒問題嗎」，這時如果有人能與自己產生連結，是一種非常強大的支持。即使無法消除煩惱，也能讓心情變得輕鬆一點。

能讓自己覺得「我不是一個人」的書，將成為一生的好朋友。

卡夫卡的《變形記》是個異想天開的故事，描寫男主角葛雷高有天早上醒來，發現自己變成一隻巨大的毒蟲。

從此以後，葛雷高必須以蟲的身分活下去，但一方面身為人類無法排遣的情緒又讓他陷入非常痛苦的狀況，左右為難。

依照讀者自己的解讀，不想上學的心情、覺得自己好像沒有容身之處的心情，可能會與書中人物產生共鳴。

小說是虛構的故事，但書中描寫的人類情感卻是相當真實的。

閱讀，可以體驗人類各種千奇百怪的感受與情感。

只要書中有許多能讓人附和「我懂、我懂」的感覺，即使現實生活中朋友不多，但書中有許多願意當自己後盾的朋友。一旦找到自己視為「心靈之友」的書，自然就會想多閱讀那位作家的其他作品。

「對對對，就是這種感覺」、「我懂這種心情」、「謝謝你寫出來」，像這樣的感覺會不斷湧上心頭。

如此一來，喜歡的書、喜歡的作家就會愈來愈多。這種感覺就像在社群網站上追蹤的人愈來愈多，幫忙按讚。

好奇心是一切的開端

就像在社群網站上追蹤某人，也是因為「我想知道這個人在寫什麼」的好奇心。

閱讀也一樣。

「這本書裡到底寫了什麼？」因為好奇心，讓人想翻開書來看看。

如果看了以後，覺得不合自己的胃口，可以快速瀏覽或跳過。

就算沒有看完也沒關係，與書本的互動可以非常自由。

重點在於產生興趣、想看那本書的心情。

也許過一陣子再翻開同一本書，會驚訝地發現「這本書原來這麼有趣」。書可以淡化我們對某些事物不喜歡的感覺，不喜歡數學的人，看了數學家的傳記之後，會感覺「稍微減少對數學的抗拒了」。

數學家有些古怪的特質，他們的故事都非常有趣。看到這種書，自然會覺得數學不再那麼難以親近。

至少，能稍微改變自己超級討厭數學的心情。

憑空想像的樂趣，比探索未知的事更令人喜悅。

推理小說也好，科幻小說也罷，由想像力創造出來的世界，設定得愈完整愈有趣，愈可以恣意徜徉其中。

可以強烈地體會到，「人生有這樣的體驗，真是太好了」的感覺。

漫畫《進擊的巨人》大受歡迎，還拍成電影。起初看到這部漫畫時，我大吃一驚：「這是什麼世界觀？」

想像的世界要怎麼塑造都可以，人類的想像力真的好厲害呀！

知道的愈多，世界愈寬廣。

悠遊於想像中的世界，可以讓自己的想像力愈來愈豐富。

再也沒有比進入書中的世界更有趣的事

閱讀輕小說或電影的原著小說也可以，**重點在於要認真閱讀，用心地看下去。無論是什麼類型的書，重點在於要深深地投入那個世界裡。**

這麼做可以讓大腦感到愉悅，感覺「得到有益的刺激了」！深深地潛入一本書的世界，有助於活化大腦，覺得愈來愈有趣。

有人非常喜歡《哈利波特》，對整個系列作品的內容倒背如流，問他：「這句台詞出現在哪裡？」立刻就能回答出「這是某個角色在第幾集的哪個段落說的話」，我曾為此大開眼界。

「太喜歡哈利波特了，反覆看了好幾遍，不知不覺就記住了。」沒錯，只要認真地投入書中的世界，自然而然就會變成這樣。對那個人而言，哈利波特已經成為他的血肉，是身體的一部分了。

我猜應該有許多人會翻來覆去地看同一套漫畫，連台詞都背得滾瓜爛熟，還會不加思索地突然冒出一句漫畫裡的台詞，可見漫畫裡的世界已經變成自己的世界了。

不是因為漫畫才會這樣，而是已經澈底地進入漫畫的世界。「無法不去看」、「無法不記住」——大腦很喜歡這種狀態，會覺得「好好玩」！

因此，能夠「變成書迷」是最棒的，而不是「好像還不錯」這種有也好、沒有也罷的感覺，如果是自己熱愛的事物，就很容易投入那個世界。

也想看看那位作家的其他作品，閱讀與這本書有關的周邊產品，興趣就像挖有藤蔓的地瓜，會一顆接著一顆不斷的挖掘出來。

若能進入這種良性循環的閱讀體驗，就會愛上書本。

古人的智慧，都在書本裡

但也不能光是「因為喜歡才看」，你能隨時隨地都與書有美好的相遇。

我想用淺顯易懂的方式讓孩子們了解古典文學，因此出了很多這方面的書。其中一本是《兒童孫子兵法—培養堅強又柔軟的心態！》（強くしなやかなこころを育てる！こども孫子の兵法），寫這本書的時候，我得到超乎想像的評價。

《孫子兵法》是全世界最古老的兵法書，誕生於春秋時代的中國，是一本寫作戰方式及軍隊的書。

日本在中國的春秋時代還不是一個國家。這麼古老的中國，而且寫的是作戰方式的書，與二十一世紀的日本小孩有什麼關係呢？能讓日本小孩產生興趣嗎？會不會覺得不關自己的事啊？

才沒有這回事呢！

書中充滿了「要以什麼心情堅強地活下去」的智慧，有許多古今共通的知識。

現代人從小學就開始面對人際關係的煩惱與不安。有些小學生看了我這本書，很直白地告訴我「給我帶來了勇氣」、「受到鼓舞了」。感覺得到強力的盟友，讓人充滿力量，引起小學生的心靈共鳴。

舉例來說，我在書中介紹：「合於利而動，不合於利而止。」

翻為白話文是：想做什麼的時候，不只自己「喜不喜歡」，也得考慮「有沒有利益」。

意思是說，把「喜不喜歡」與對自己「有沒有利益」列入考慮，才能夠全面地思考與做決定。

希望大家在決定要考哪一科的時候，一定要記住這句話。

還有這樣一句話：「少則能逃之，不若則能避之。」

翻為白話文是：有的時候「逃避」是有意義的，如果打不過對方，就趕快逃。

意思是說「要是知道打不過對方，就應該果斷地逃走」，重點不是打贏眼前的戰爭，而是確保自己人的安全，才能夠重整軍容，再次作戰。

這些話，是我想告訴受到霸凌、經歷痛苦的人。

即使是中國古代的兵法書，也能給予現代人勇氣。這就是書的好處，也是書的威力。

以聆聽的心態與書相遇

請不要一口咬定，以前的書已經跟不上時代或與自己無關。這個社會上充滿了先人珍貴的智慧，閱讀就是吸收先人的智慧。從以前就被許多人傳閱至今的古典名著，代表受到許多人的支持。「這句話說得真好」或「帶給我勇氣」，至今仍深受歡迎的書，自然有這些吸引人的魅力。

別帶著先入為主的成見：「那是很久以前的書吧？」，或是「書裡寫的都是很難的事吧？」不妨想成是作者想說給自己聽的話。

重點在於，就像是與活在現代的人相處般。

孔子是儒家的代表人物，他的弟子把孔子說過的話整理成《論語》，就是孔子曾說過的話。

想像自己也是孔子的徒弟，把《論語》當成孔子對自己說的話，不需要想得太困難。

只要想成是對自己說的話，即使是兩千五百年前的人，也不會覺得距離太遙遠。

「己所不欲，勿施於人。」

「溫故知新。」

「過而不改，是謂過矣。」

「見義不為，無勇也。」

《論語》裡有許多讓人想當成格言的話，我認為每句話都「確實很有道理」。

只要認為這些話是對自己說的、是給自己的提示，那些話就會進駐自己的心靈。

我最早讀《論語》是在高中的暑假作業，因此不是自動自發想讀，而是非讀不可的功課。「孔子居然說了這麼多我想當成座右銘的話，真了不起！」令我非常感動。

從此以後，我就奉孔子為心靈導師了。

來自書中的心靈導師

當我看完一本書，覺得「真了不起」，產生尊敬的念頭，就會立刻奉那個人為心靈導師。

我已經遇見了好幾位心靈導師：拿破崙、兼好法師和勝海舟，感覺孔子也加入了新的心靈導師陣容。

不只一位，我從許多老師說的話及思考事情的角度中吸收好的地方。

蘇格拉底也是我高中時代的心靈導師之一，他是古希臘的哲學家。明知如此，許多國中生還是一心認定哲學家的書太難了，一點也不想拿來看。

孔子與蘇格拉底，他們的書都不是自己寫的。

蘇格拉底妙語如珠，無論在哪裡發言都非常受歡迎，但也因招人嫉妒，蒙受不白之冤，慘遭處死。

包括柏拉圖在內，他身邊的人都想救他，但他只留下一句：「我不會逃走，甘願服誅。」便喝下毒藥，從容赴義。

蘇格拉底不只說話很有道理，就連生存之道也高潔無比。

柏拉圖希望能更多人知道蘇格拉底說的話，而蘇格拉底曾說過「我不是任何人的老師」、「我只是別人問我什麼，就回答什麼的人」，因此書是以問答形式寫成的對話錄，能夠輕鬆閱讀。

歌德也是我的心靈導師。

若想知道歌德說過什麼對人生有幫助的話，可以看愛克曼的《歌德談話錄》（*Gespräche mit Goethe*）。

愛克曼這位青年遇見晚年的歌德，將他們大約九年來的對話集結成冊。歌德總是以淺顯易懂的詞彙對年輕人說話，指引年輕人活下去的方向。只要想像自己也站在愛克曼旁邊聽歌德說話，一字一句都能聽進心裡去。

思想家、哲學家都是很了不起的人，感覺就像「知識的巨人」，總令我自慚形穢。簡單來說，這些人無時無刻不在思考身為一個人，該怎麼活下去才好。

書本，是作者思想的集大成。

看書時並不光是抱著「想得到知識」、「想累積素養」的念頭，不妨想像成自己接觸到那個人說的話、接觸到那個人的人格。

試著念出聲音來，感覺更像作者在與自己對話，一字一句都會自然而然地滲透到自己的身體裡。

當作者說的話深入內心，生根發芽，他們說的話、思考問題的方法，將

成為我們的心靈支柱。

拜這些心靈導師所賜，我們才能打下自己身為人類穩固的基礎。扎穩根基的樹木，總有一天會在自己心裡形成蓊鬱的森林。

我在第二章〈學習是為了什麼？〉說過，要種植各種不同的樹木，培養「他人的森林」。

為了在心中培養出種類豐富的森林，閱讀是不可或缺的一環。

在自己的內心「種樹」吧！

用閱讀增強語彙力

補習班或課後輔導，有一些人稱明星講師或超人氣的講師，要說他們出名的原因，主要是教得太好了。

優秀的老師不只傳授知識，還會傳授看事情、思考事情的角度。會告訴我們這些問題該怎麼看、怎麼解才正確，該採取什麼思考脈絡、該怎麼做才能有效地發揮自己的實力。聽那些老師說話，會覺得自己也變聰明了。

看書也是同樣的道理。

寫書的作者知道該怎麼表現自己的想法、擅長運用語言。只要沉浸在具有高度語言能力的人說的話裡，就能得到內心的支持，連自己說的話也會自然而然地受到影響。

還能增加理解的詞彙、想用用看的詞彙、能夠使用的詞彙，就這樣逐漸累積了詞彙的實力。

看書能讓人增強語彙力，就像遇到厲害的講師、優秀的語言教練。

與大學生接觸，聽他們說話時，基本上都能預測這個人看過哪些書。

有些人說話方式不夠深入，使用大同小異的詞彙，這是因為閱讀的書太少了，詞彙量不足的情況反應在言談之間。

閱讀量夠多的人，遣詞用字就有更多的選擇，有沒有看報紙的習慣，也會表現得很明顯。

想變聰明，可是又不知道該怎麼做才好？那麼，可以試試看閱讀。不論是書籍和報紙，都能夠有助於鍛鍊語彙力和文脈力。

加快閱讀的速度

閱讀速度較慢的人，可能會比較吃虧喔！

例如考試的時候，要花一點時間才能看懂題目，光是這樣就會壓縮到思考的時間。如果出了需要解讀長文的題目，就更花時間了。

大學寫報告的時候也是，時間都花在解讀各式各樣的參考資料上了。

一旦出社會工作，更需要優於常人的閱讀能力。若無法迅速地看懂會議資料，就無法參與討論。

光是閱讀的速度太慢，就很容易被貼上能力不足的標籤。

閱讀的速度，可以多加練習來改善。

擁有三冠王頭銜的落合博滿先生曾說：

「為了成為一個稱職的職棒選手，必須快點習慣專業的速度。」

要是沒有站在打擊區上親眼見識過時速一百四十公里的球，絕對打不到那麼快的球。只要持續練習打擊時速一百四十公里的球，習慣了以後，就能打中那麼快的球。

看書的速度也能藉由「速讀」的方式來練習，**只要讓自己習慣速讀的速度，每個人都能看書看得很快。**

不管是小學生、大學生還是社會人士，我都會要求他們快速朗讀，以快速的節奏念出文字，並記錄時間。

持續快速朗讀的練習，身體就會記住節奏，漸漸地就會覺得愈來愈輕鬆，閱讀速度也能愈來愈快了。

更棒的是，一旦加快閱讀速度，會感覺到連動腦的速度也變快了。

關於這點，以「大腦訓練」聞名的川島隆太教授曾經說過，以極快的速度唸出聲音來其實是非常有效的訓練，能讓大腦動得更快。

這可能是因為速讀會讓大腦的突觸更容易連接起來，即使之後是用默讀的方式，也能看得很快。

只要加快閱讀的速度，就能在相同的時間內閱讀更多的書。

多看一點書能提升經驗值，還能鍛鍊掌握文章意思與脈絡的能力，加強閱讀的能力。

即使是成年人也能利用快速朗讀訓練閱讀速度，不過，因為十幾歲的腦筋比較靈活，愈早練習愈快看到效果。

閱讀也是
人生的一種體驗

我看書的時候會用紅、藍、綠三種顏色的原子筆畫線。藍色是次要的重點，紅色是最重要的，綠色是自己覺得有趣的。

對我來說，在書本上畫線就像跟作者對話，就如同聽對方說話時，會點頭附和的感覺。

覺得「一點也沒錯，我也這麼覺得」時，我不只畫線，還會加上微笑的符號「☺」。

特別有感、大開眼界的地方，則以「原來如此，學到新東西了」的感覺，加上驚歎號「！」或「😮」的符號。

這麼一來，自己閱讀時產生共鳴或很有感的地方一目瞭然。

有朝一日再重看時，也能回想起：「原來上次看的時候是這種感覺啊！」

我們會在書上留下閱讀過的痕跡，雖然也有人認為在書上做記號是不愛惜書的行為，但我可不這麼認為。

留下閱讀過的痕跡，無形中讓那本書變得對自己別具意義，讓這次的閱讀成了人生經驗中的一部分。

當然，如果是圖書館或向別人借的書當然不能畫線，這是教養問題。也因此借來的書比較不容易與自己產生強烈的連結，比較不容易內化成自己的一部分。

讀書不只是為了吸收資訊，更重要的是成為生活的體驗。

因此我盡量不跟別人借書，盡可能自己買書，就算是二手書也沒關係——這是我想與大家分享的經驗。

閱讀與生活經驗的連結

閱讀卡夫卡的《變形記》時，只覺得「好噁心，絕不要變成這樣」，就只是這樣而已。這本書並沒有成為我森林裡的一棵樹。

但如果以「萬一是我變成蟲」的心情發揮想像力，或是與不知該往何處去的情緒產生共鳴，就會成為烙印在心裡的故事。

因此，閱讀的重點在於是否能夠與自我連結來作思考。

芥川龍之介的《蜘蛛之絲》是講天堂與地獄的故事。那是一個誰也沒親眼看過、不為人知的世界。

出現在書裡犍陀多是罪大惡極的盜賊，但是看到蜘蛛也會產生「不忍心殺死，饒牠一命吧」的憐憫之心。

另一方面，「只想自己得救，不惜陷害他人」的念頭也很強烈。

這兩種心情同時存在於人類的內心深處。

閱讀《蜘蛛之絲》之前與看完之後，我的內心深處有了不一樣的變化。

例如，以後看見蜘蛛就會想到「殺死蜘蛛太殘忍了，就連大盜犍陀多都不忍心殺死蜘蛛」。

有困難的人來找自己幫忙時，是「不關我的事，別人只會成為我的絆腳石」地趕走對方，還是轉個念頭「不，不行不行！不可以這樣。這麼無情會像犍陀多那樣墮入地獄」呢？

一旦與書連結並自我思考後，無形中就會改變自己的行為，閱讀就會變成一種生活體驗，書本的內容才會成為心靈導師。

我經常在紙箋寫下「相逢自是有緣」這句話，覺得即使只是偶然的相遇，但能夠這樣相識真是太好了，是很值得慶祝的心情。

我認為與書相遇也很值得慶祝，畢竟世界上有太多書了。無論是書店還是圖書館，若能從數量龐大的書架上拿起一本「來看這本吧」，就是奇蹟般的相遇了。

這本書將成為各位的心之盟友、心靈導師，帶來許許多多的關注，成為支持自己的力量之一。

書裡描繪著形形色色的人物。

會出現「好厲害呀，好帥啊，好想變成他」的人物，也會發生「永遠都不想遇到」的事，還會出現「這世上真有這麼可怕的人嗎」的場景。

能在書中遇見各式各樣的人物，也能在書中體驗現實生活中不曾經歷的事。連結自己的遭遇來思考，就能當成「該怎麼活下去」的參考，促使自己成長。

即使是無可救藥的人物，也能成為反面教材。

從這個角度來看，任何書都值得閱讀。從每本書中都能有所收穫，都能給自己一點啟示。

有愈多連結方法的人，愈能順利地汲取書裡的內容變成自己的知識，也因此會愈來愈熱愛閱讀。

第五章

重點摘要

把書當成朋友，
這輩子都不會感到孤單！

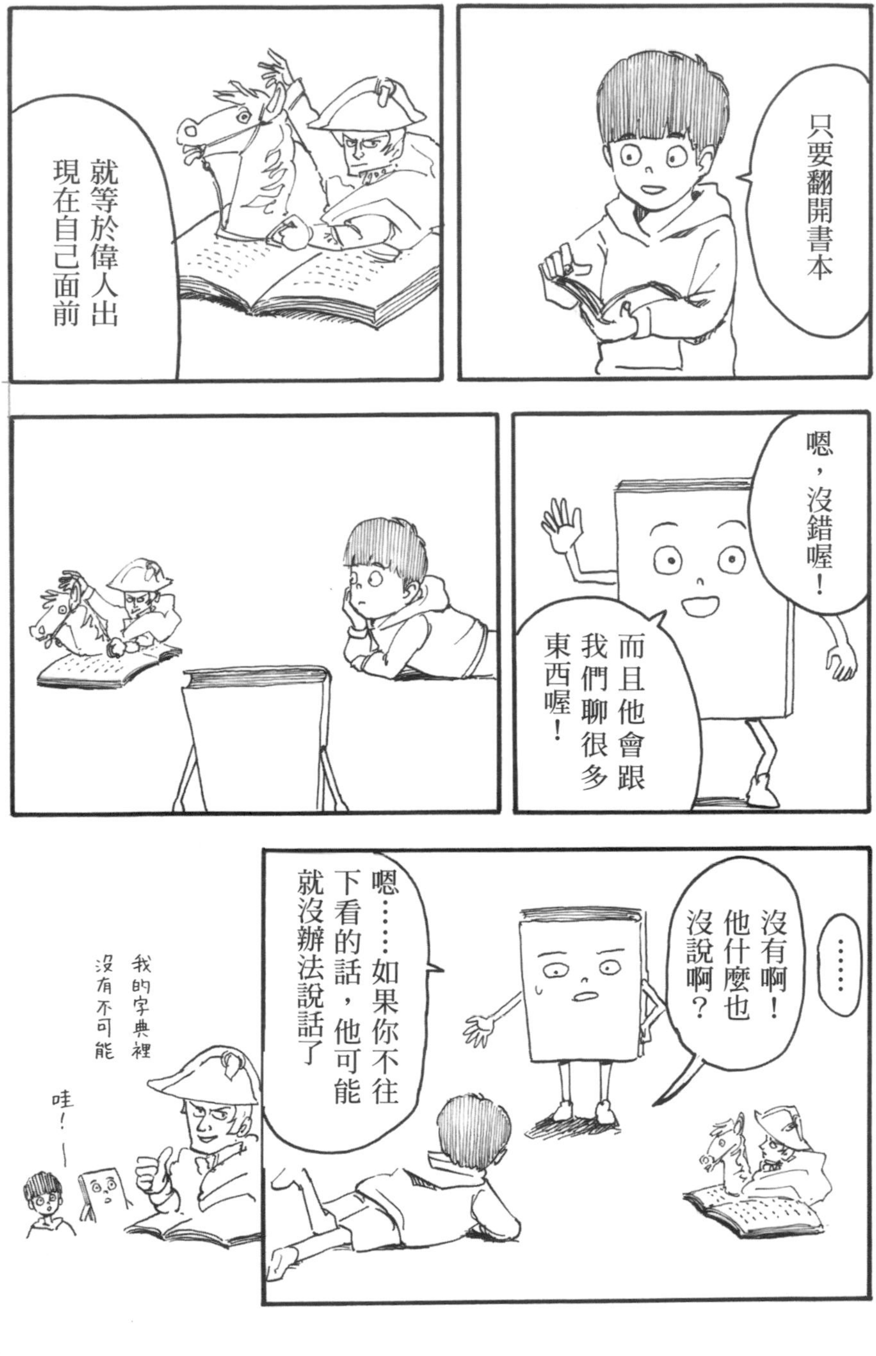
只要翻開書本
就等於偉人出現在自己面前
嗯，沒錯喔！
而且他會跟我們聊很多東西喔！
……
沒有啊！他什麼也沒說啊？
嗯……如果你不往下看的話，他可能就沒辦法說話了
我的字典裡沒有不可能
哇！——

第六章

感受心流帶來的幸福體驗

有喜歡的事，就能辦到「不喜歡卻非做不可」的事

大家有沒有熱衷過一件事，專注到忘了時間呢？

國、高中生是卡在「喜歡的事」與「非做不可的事（學習）」的夾縫間掙扎，而感到痛苦的時期。

我就是這樣的小孩，國中時，平常以網球社團活動為生活的重心，直到期中考和期末考的兩週前，才開始手忙腳亂地切換成學習模式，總算是熬過了考試。

當我不得不放棄喜愛的運動，專心準備高中考試時，我不知道滿腔精力

該往哪裡發洩，第一次感覺人生陷入低潮。

明知非用功不可，卻因為無法運動、發洩精力，感覺渾身不對勁。

對我而言，與朋友的「聊天式學習法」不只是確認自己記住了多少，也能藉由說話來發洩體力。

最後，我總算努力考上了高中。

上了高中後，我實在太想運動了，又加入網球社，再次過著每天打網球、快要考試才進入學習模式的生活。

雖然感覺跟國中時差不多，但大學考試可沒有高中考試那麼簡單。

高三那年，我落榜了，不得不重考一年。那一年，為了準備考試，只能從早到晚苦讀，當時真的好痛苦。

經常有人問我：「人能一輩子只做自己喜歡的事嗎？」可以的話自然是再好不過，但是我認為：「正因為也做了自己不喜歡的事，做喜歡的事才更開心。」

如果曾經投入過自己喜歡的事情，就能夠幫助自己專心做自己不喜歡的事。**正因為嘗過為某件事廢寢忘食的喜悅，才能同樣拚盡全力去做「不喜歡、但非做不可」的事情。**

「喜歡的事」或「想做的事」，充滿了能給人生帶來幸福的祕密。

有廢寢忘食的愛好嗎？

一旦專注於自己喜歡的事，甚至會忘記時間的流逝，只想著要繼續做下去、絲毫不覺得厭煩，開心極了。

全神貫注地做自己喜歡的事，是很幸福的時光。但也有人說：「沒有這種能讓自己著迷的事／沒有喜歡到能渾然忘我的事。」

有什麼興趣或專長嗎？

「沒有。」

有沒有欣賞的作家或歌手、支持的運動隊伍？

「也沒有。」

平常空閒的時候都在做什麼？

「上上網、打打遊戲……」

既然如此，總有喜歡的遊戲吧？

「嗯……只是用來打發時間，並沒有特別喜歡。」

都沒有一旦開始就開心地忘了時間的東西嗎？

「確實是一玩起來就忘了時間，但沒有開心到欲罷不能的感覺。」

萬一面試時這麼回答，一定不會被錄取。不管是考大學還是找工作，對方都不會想用這樣的人。

並不是沒有熱衷的事，只是沒有不顧一切地投入某件事的「成功體驗」。

熱衷於某件事，是一種自然迷上的感覺，與那個人的生活態度有關。

如果對眼前的事完全不心動，就會覺得一切都沒意思，感覺十分單調。

那是因為他們沒有深刻地感受過投入其中的愉悅感。

開啟「快樂─喜歡」的迴路

也許有人一開始會很直覺的說：「我喜歡這個！」而開始做某件事，但是比起因為喜歡而變得熱衷，也有許多人是開始做了才覺得有趣並投入其中，最後整個愛上。

例如體育課跑馬拉松、在社團裡練跑步，大概沒有幾個人是打從一開始就「好喜歡跑步」吧？但他們還是開始跑了。

剛開始跑的時候可能還是會覺得很痛苦，但是一旦進入某個狀態，身體就會變得輕盈，不再感覺那麼辛苦。

心情很亢奮，心態卻相對穩定，覺得自己好像可以一直這樣跑下去。

這種全神貫注的沉浸感受，就是進入心流的狀態。

不只跑步，持續做某件事，腦內就會分泌快樂的物質，使人更容易進入這種愉悅的狀態。

體會過這種快感的人，跑步就不再是一件苦差事，反而是人生一大樂事。跑完後，會有神清氣爽、充實的感覺，心想「明天或許能跑得更遠」。隔天也能進入心流狀態，甚至跑出更遠的距離，感覺更加充實，有達成目標的喜悅感。

你也會更有自信，自然而然就會想繼續跑下去，也變得更快樂了。

愛上某件事、迷上某件事，會形成一種迴路，讓人感覺想繼續下去、欲罷不能。**因為全神貫注的狀態能讓內心充滿愉悅，打造成功的迴路。**

沒體會過心流狀態及擁有良好迴路的人，只會覺得跑步累死人了、哪裡好玩了？

如何進入心流狀態

每個人在小時候，應該都曾熱衷於某件喜歡的事情。喜歡玩沙，用沙堆成山、挖掘隧道、推倒後再重新做一個……你是否曾經沒完沒了地重複以上的過程？

是否曾迷上模仿什麼的「辦家家酒」遊戲？是否曾拚命地蒐集過什麼？可能是石頭，也可能是寶可夢的卡片。每個小朋友都有自己狂熱的東西。

為自己感興趣的東西廢寢忘食，從中得到充實的感受與自信後，就能積極地挑戰自己喜歡的事物。

但是，如果你沒有體驗過沉迷其中後隨之而來的快樂及成就感，那麼，全神貫注的開關就會關閉。

如果熱衷的事物與學習有關，不論是運動或才藝，還能得到父母的支持；但如果是父母眼中是沒用的東西或危險的事，就會被制止。

「你要玩到什麼時候？差不多該收心了。」

「我不是說不可以做這麼危險的事嗎。」

「你老是在〇〇……，功課做了沒？」

如果經常聽到這種話，自己感興趣的事得不到父母的肯定，就無法形成良好的迴路。

久而久之，自己就會對自己踩剎車，原本覺得很有趣的心情也變得消極。

是人都有好奇心，大家也都具備全神貫注的感覺。

對於沒有任何著迷的事、無法全心投入其中的人，我猜他們的快感迴路可能已經睡著了。

他們也許還沒有意識到進入心流狀態時的幸福。

不妨在國、高中的時候就喚醒自己內心的迴路，這麼一來，就能成為具有生命力的人，就能積極地樂在其中。

是否能夠進入心流狀態，並與熱衷的興趣產生快樂的迴路，將會深深影響我們的一生。

了解投入熱情、樂在其中的快樂

我從小學就沉迷於打棒球，努力想打進甲子園，夢想破滅時也曾經覺得自己失去了一切：「不打棒球的話，還剩下什麼？」

也曾經一心練舞，夢想成為專業舞者，後來才知道現實沒有這麼簡單，內心充滿怨念：「要是將來不能走這條路，再怎麼狂熱也毫無意義！」

但其實，這兩種情況都不是世界末日。

多年來專心做一件事、熱衷於一件事，這些全神貫注的體驗將會反映在自己未來的生活方式上。

因為我們已經知道「愛上一件事的方法」，知道該怎麼傾注熱情才好，知道樂在其中的充實與幸福的感覺。

一旦體驗過全神貫注的感覺，就算遇到失敗、走投無路，也能再找到其他令自己全心投入的事，再次度過充實的時光。

因此，重點在於對自己喜歡的事物產生熱情。

請試著以「挖掘」的心情去尋找與探索，重要的是要擁有一顆好奇的心。

至於能不能成為將來的工作，則另當別論。

認為「做這件事的時候最像自己」與「喜歡的事變成工作，就能得心應手」，是兩回事。

著迷的事與拿手的事，是兩回事。

即使很擅長，但如果有人比自己做得更好，就不是對方的對手，要成為專業人士就有困難。

把能讓自己樂在其中的事當成工作，有時候的確很幸福，但工作歸工作，若把工作以外的事當興趣，可能會更加幸福。

不過，能讓自己產生熱情的能力，可以運用在今後各種情況下。

為了發現自己新的可能性在哪裡，最好的方法是盡可能擴展和發掘更多喜歡的事物。

試著將感興趣的觸角延伸到各個不同的層面看看吧！

激發興趣的方法

想要擁有更多喜歡的事物，就要啟動好奇心的開關，感覺有趣的事情都可以大膽地嘗試看看。

就像有哥哥姊姊的人，會比同年紀的人更早接觸到新事物。跟著哥哥姊姊聽西洋音樂，或許也因此而喜歡上西洋音樂，又或是能比同學更早接觸到其他同學們還沒看過的書。像這樣比周圍的人搶先一步做某件事，也會成為迷上這件事的契機。

如果身邊有走在自己前面的朋友，就很容易為自己推開新世界的門，對於其他人口中「還不錯」或「很有趣」的事物，也都會敞開心胸「來試試看吧」。

即使是「我不知道這位歌手耶」，也會正向的思考「那來聽聽看吧」。

重點是不要還沒嘗試就先排斥，正因為是過去沒聽過的音樂，更應該抱持著好奇心：「那是什麼？有什麼迷人之處？」

某種你不知道的事物，會激發你的興趣。因為有這樣激發自我的機遇，讓自己有更多機會接觸到未曾了解的事物，真令人心懷感激。

只知道一件事就認定「這樣就好了」，這種世界太狹窄了，就像是挑食一般。打開眼界，知道「這不錯」、「那不錯」、「這也不錯呢」，不僅能讓世界更寬廣，還能更有深度。

每種食物都嘗一口的話，就能吃到各式各樣的美味，也能發現自己特別喜歡這個，這是因為多方了解後才有的深度發現。因此，挑食和不挑食的人所知道的世界深度是不一樣的，當別人帶著我發現未知的世界時，是最有趣的時刻了。

只要有喜歡的事，你的世界就會充滿幸福

日本有個電視節目叫《松子不知道的世界》，來賓會上節目暢談自己著迷的世界，這些人看起來都非常快樂的樣子。會發現「原來可以從這種角度來享受生活啊」，真的非常有趣。

有人因為太熱愛一件事，把它當成自己的工作；也有人將從事的工作，當成興趣專心地研究。

節目中還出現過研究蚊子的高中生，還有對盆栽很有研究的國中生。

如果有喜歡的事，想了解得更深入、研究得更透徹的話，就需要學習。

一旦有自己喜歡做的事，就很容易發現讀書相當重要。

只要有喜歡的事，你的世界就會充滿開心的幸福感。

即使發生痛苦的事，只要有喜歡的事物、熱愛的興趣，就能擁有繼續努力生活的力量。

有時候，有「每天都沒有好事，活著好痛苦，好想死」這種負面想法的人，一旦迷上偶像，成為瘋狂的粉絲，就會改變想法：「其實我的生活不全都是只有不開心的事嘛！」

只要有讓自己狂熱的事物，人就不會有絕望的念頭。

有喜歡的事，就是這麼重要。

如果在國、高中時能告訴自己：「這個世界那麼大，一定充滿了有趣的事物。」我認為對於好好地活下去是一股非常重要的力量。

你會想要告訴別人自己喜歡的東西，即使不擅言詞、不知道如何跟別人打交道，但是只要提到自己喜歡的事，也能滔滔不絕地談論著。我認為所謂的朋友，就是能夠有說有笑地討論彼此喜好的人。

如果喜歡的東西一樣，很容易變成好朋友。即使喜歡的東西不一樣，也能聊各自喜歡的東西，從中產生共鳴或理解彼此的差異。只要有一、兩個這樣的朋友就足夠了，不需要相知滿天下。

即使身邊沒有這樣的朋友，現在也能透過社群媒體，找到有共同興趣、彼此心靈相通的人。

只要有喜歡的東西，就不會感到孤單，就能與別人溝通。

如果喜歡的事物不只一樣，對很多事物都感興趣的話，就能有更多可以聊天的對象。

喜歡的事物愈多，就等於能聊天的朋友愈多。

不要否定別人的愛好

聽到別人說「我喜歡這個」的時候，一定也會有人會持反對意見。

「那個有什麼好？你的眼光沒問題吧？」

被批評成這樣，肯定會很受傷。一是傷心自己喜歡的東西被貶低，二是傷心自己的興趣被否定，等於受了兩次傷。

希望大家能了解，否定別人喜歡的東西，其實是一種言語的暴力。

實不相瞞，我在二十五歲以前都是那種會毫不留情地批評別人、傷害別人的人，當時的我認為，心裡想到什麼就老實地說出來，才是誠實的態度。

問題是，沒有人喜歡自己熱愛的東西遭到否定，我給人留下了「跟他說話真不開心」的印象。

因此，我失去了許多朋友。漸漸地，不管有什麼聚會，大家都不找我參加了。

有了這樣的經驗，我想提醒大家：

千萬不要否定別人喜歡、認為重要的事物。

但並不是要大家心口不一地說謊。

假設有A和B這兩樣東西，不要覺得「A比B優秀」或「才怪，明明是B比較好」。

而是把焦點放在A有A的優點、B有B的好處上。

不管是A、B、C還是Z，「雖然大家都不一樣，但是大家都很好」。

任何人的興趣都不應該被輕視，為了能大方地說出「啊，這很棒呢」、「那也不錯」，需要打開自己的心，讓自己能敏銳地注意到所有事物的優點。

只要敞開心胸，世界就會很寬廣

三浦純先生用「My Boom（＝我的流行）」來形容「這個現在是我心中的第一名」、令自己沉迷其中的事物。

聽到這句話的時候，我深深地感到形容得好傳神啊！

因為當我喜歡上什麼東西的時候，也會深入鑽研「My Boom」。

如果聽到某首爵士樂，覺得「好好聽啊」，我就會一股腦兒地再聽更多的爵士樂，進入「爵士樂是My Boom」狀態。

一旦愛上探戈，那陣子就會聽一堆探戈舞曲。

聽了大量的探戈舞曲，就能聽出每支探戈舞曲其中巧妙的差異與深度，能夠聯想探戈舞曲的內涵。

一旦了解「原來探戈舞曲這麼有深度啊」，就能擺脫狹隘地認定「探戈就是這種曲風而已」的觀點。

曾經有段時間聽了很多經典的弦樂，後來有段時間都在聽演歌，也曾經有過盡情徜徉在八〇年代日本歌謠曲的時期。

不只是自己感興趣的東西，只要有人推薦或問我：「你知道這個嗎？」我就會馬上找來聽聽看。

我也聽現在的偶像唱歌，為了體驗究竟是怎麼一回事，還去看過地下偶像[4]的演唱會。

不只音樂，也曾經有過整天都在聽落語的時期。

以這種短期集中的方式接觸各領域的東西，將它們視為「我的流行」，漸漸地，我喜歡的東西愈來愈多。

最後，我還能跟各個領域的人討論自己喜歡的東西。

不要否定對方的興趣，而是主動加入討論：「哦，那個很棒呢！」這麼一來就能聊得興高采烈，對方會很高興，自己也很開心，人際關係也會順暢圓融得多。

4 地下偶像緣起於日本，想成為偶像的人或團體在還沒得到上電視機會之前，會先在小劇場或 Live house 演出、漸漸累積粉絲和實力，以區分有媒體宣傳與曝光管道的主流偶像。

「喜歡」，能讓心靈變得更豐盈

遇見新的事物A，不但發現A與B是有關係的，也跟C產生連結，還能與乍看之下儼然無關的Q或K串連起來。

當突觸在腦中無限串連，大腦就會產生「連結的快感」，一如遇見各種人時，那種喜悅的心情。

與你喜歡的事物連結，會為你帶來更多的幸福。

感覺「這不錯、那也不錯」的事物日益累積，喜歡的東西愈來愈多，心靈也會更加豐盛。

我認為內心的豐盛，就是所謂的「修養」，這不光只是有高尚的學問或知曉艱深的道理。

漫畫、流行的音樂或懂得品嘗食物的美味，也是文化與修養的一部分。

看書、聽音樂、欣賞美術作品、看電影……往各個領域開展視野，大量地閱讀、大量地聆聽、大量地欣賞。當你「想讀更多、想聽更多、想看更多」的時候，既能得到知識，也能培養品味與修養。

要隨時追求能讓自己「想知道更多、想了解得更深入」的事物，珍惜所有藏在這個世界裡的感覺，擁有知性的好奇心。

當感興趣的事物愈來愈多、知識愈來愈深入，你的個人修養就會變得既廣又深。

手塚治虫大師經常對為了成為漫畫家而入住常磐莊[5]的赤塚不二夫先生說：**「多看一流的電影、聽一流的音樂、欣賞一流的戲劇、閱讀一流的書，**

從中建立起自己的世界。」

意思就是，即便目標是成為漫畫家，也不是只有學習畫技才是最重要的事，接觸各種一流的事物、並轉化為自己的內在也很重要。

換句話說，其實就是「擁有好奇心，讓自己的心靈變得更豐盛」的意思。

5 常盤莊是一九五〇年代坐落於日本東京都豐島區的一棟公寓，手塚治虫、藤子不二雄、赤塚不二夫、石之森章太郎等知名漫畫家都曾居住過，也是當時漫畫家們聚集切磋的地方；在一九八二年十二月拆除之後，於二〇二〇年重建成漫畫博物館。

從討厭的事情中發掘想做的事情

我在國中的時候，還無法找出「學習」與「素養」的關聯。總覺得學習是一種義務，是被逼著「非做不可」的事；素養則是依照自己的意思，自由地研究自己感興趣的事物。

我當時很討厭學習，但是對素養滿是憧憬。

我以為只要考上東大，就能成為一個有素養的人。在東大的大一、大二都要選修文化素養學分。

我想去能學習文化素養的最高學府，這麼一來就得突破入學考的難關才行。有了這個想法，我找到了準備考試的意義。

上了大學才明白，其實學習與素養彼此相關聯。

當我學會英文，能解讀長文後，就能直接看英文書學習想要學會的東西。

當我學會歷史，知道「這個時代的西洋是什麼時代、中國是哪個朝代、日本是什麼時代，原來世界連在一起」的大局觀。

透過數學培養的理論性思考，運用在理解哲學式的思考邏輯也很有幫助。

假如素養的果實長在高高的樹上，學習就是為我們打造一架可以摘到果實的梯子。

有許多名為素養的魚泅泳在知識的海洋裡，該怎麼抓到那些魚呢？學習就是我們製作的魚網。

經由學習，我們就能摘到長在高處，成熟多汁又美味的果實，也能捕到大魚。學習可以讓我們充分感受到，自己的素養更上一層樓。

我打從心裡慶幸，沒有因為討厭準備考試、這裡沒有想做的事，就放棄學習。

不喜歡的事也要做，這麼一來做喜歡的事就會更開心，應該不斷地增加、拓展、鑽研喜歡的事。

不喜歡的事一定會連結到你喜歡的事，只是現在還沒發現而已。不過，總有一天會查覺到的。

第六章

重點摘要

盡情地投入在喜歡的事物裡吧！

點燃熱情的火種！

正因為持續的潛到深處
才能發現神祕的寶箱！

第七章

青春期不一定是一場風暴

不要用「叛逆期」當藉口

國中生跟好朋友在一起的時候明明眉開眼笑，但是對大人或朋友以外的人卻經常擺出一副不高興、不耐煩的樣子，言談與態度也長滿了刺。有人從國小高年級開始進入這段期間，也有人一直持續到高中，一般人稱為「叛逆期」。

也有人認為這是青春期特有的荷爾蒙失調作祟，無可奈何，但我覺得這才不是什麼無可奈何的事。

不是每個人在這段期間都會反抗父母師長，也不是沒有經歷過這段劇烈反抗的青春期，就無法好好地長大成人。

有統計指出，如果是無話不談的家庭，孩子即使進入青春期也不至於與父母太對立。

話說回來，叛逆期也不是對任何人都很叛逆，因為還是能心平氣和地與推心置腹的好朋友相處。

情緒的起伏絕不是無法控制的事，只有對自己認為「可以盡情撒野」的人才會任意發脾氣。

對你們來說，最重要的是推心置腹的朋友，而家人及師長是不需要好好溝通相處的人，對嗎？

認為家人及師長不需為了維持良好關係而努力溝通，所以才會肆無忌憚地耍脾氣，對嗎？

現在的大人不太會嚴厲地罵小孩，他們會以理解、尊重、溫和的態度與你們好好相處，對嗎？

因此，我認為這只是柿子挑軟的捏，看大人好欺負就任性妄為，這不是叛逆。

只有還不會說話的小嬰兒，才能恣意妄為後還能得到原諒。

各位同學在生理、心理都有所成長，很快就要正式成為大人了，如果表現出任性、驕縱等孩子氣的態度，其實是一件很糗的事。

只要自我察覺「現在是不是又在耍小孩子脾氣了」，就能變得心平氣和。

鬧脾氣會破壞氣氛

我覺得現代的國、高中生都好會察言觀色，每天在社群網站上進行各式各樣的交流，而且反應都好快，還會思量對方已讀不回代表什麼含意？

各位花在與朋友溝通的精神與心力，真令我嘆為觀止。

只要有心，明明可以好好地控制情緒；明明有這個能力，卻不把精神與心力花在身邊的大人身上。

問題就出在這裡。

需要察言觀色的對象，不能只有朋友而已。

所有與自己有關的人，都要用心相處才行，這是做人最基本的態度。

察言觀色，是一種發自內心的習慣。

要是以為關心體貼他人是什麼特別的事，那可就大錯特錯了。與人互動的過程中，我們必須隨時察言觀色、留意他人的感受才可以。

只有睡覺時或一個人的時候，才能不管別人怎麼想。

與人相處就一定有臉色，人與人相處一定會說話。如果不管這些細節，只在乎自己的心情，一味地要求別人配合自己，會破壞現場的氣氛，就像空氣污染一樣糟糕。

不開心的情緒會傳染，要是有人帶來不開心的病毒，就會侵蝕現場的氣氛，影響大家的心情，逐漸污染整個環境。

到處散播不開心病毒的人，其實就是在破壞氣氛。

真正聰明的人，不開心也不會表現出來

每個人身邊，其實都有某個人不開心而破壞現場氣氛的例子。

如果導師總是感情用事，動不動就生氣，班上的氣氛肯定會變得緊張，簡直是人間地獄。

跟朋友在社群網站上交流時，假如有人很情緒化，對誰都發動無差別攻擊，其他人也會受到影響，說話變得很不客氣，氣氛也變得很差。

光是用言語溝通，不開心就會傳染開來。

這點與對方是朋友或家人，抑或只是剛好搭同一班公車的路人甲無關，我們必須對所有人都禮貌周到。

無論置身於什麼環境，都不應該把自己的不開心表現出來。

真正聰明的人，能夠知道這點並且做到的人。

請先察覺自己的行為會對氣氛造成影響，這是改變的第一步。

能意識到問題，才能做出改變的努力，為此下工夫。

如果知道卻依舊我行我素的人，無疑是無法體貼別人的人。

只不過，不開心會變成習慣。

雖然在有意識的時候還能控制情緒，可是一旦激動起來，就會不小心露出馬腳。

「我不是那個意思。」

有人說是這麼說，卻一而再、再而三地重蹈覆轍，所以壞習慣一定要澈底改過來才行。

我一直告訴大人「情緒可以靠自己控制」，如果能從國、高中生的時候就注意到這點，對自己的將來一定有幫助。

情緒，是你可以控制的。

就像不可以給別人添麻煩一樣，也要意識到「別讓不愉快感染到別人」的重要性，這是人際關係的基礎。

有意識地讓自己保持在開心的狀態，將會改變你的整個人生。

不管如何，都要保持好心情

我所定義的「好心情」，是什麼意思呢？

「不管開不開心，都能開朗地、情緒穩定地與別人相處。」

經常有人誤解成，是不是裝出開朗、和善的態度就行了？

並不是要大家裝出開朗、和善的態度，也不是要大家偽裝自己、討好別人，而是別把自己的情緒變化表現在人際關係上。

即使有心浮氣躁、心煩意亂、悲傷、失落……這類的負面情緒，也要把心情區分清楚，「這是兩回事，與此時此刻在我面前的這個人沒關係」。

一碼歸一碼地分開來思考，無論何時何地都能穩定、平靜地面對任何人。

我經常告訴大學生：

「不妨發出聲音對自己說：儘管如此也要保持好心情。」

「壓力太大，心浮氣躁……儘管如此也要保持好心情。」

「昨晚沒睡飽……儘管如此也要保持好心情。」

「找工作又失敗了……儘管如此也要保持好心情。」

即使陷入煩惱，其實根本打不起精神來，就快要變成一灘爛泥的狀態，也要以好心情來面對對方。

只要養成習慣，就能控制自己的情緒。一旦能控制自己的情緒，絕對比不會控制情緒的人更從容不迫、神清氣爽。

不是等著別人來迎合你，而是自主地保持好心情。

國中生也辦得到。

就算在學校發生不愉快的事，也不要怪到媽媽頭上喔！
不妨對自己說：「心情糟透了……儘管如此也要保持好心情。」
想必大家都有過正想回房間讀書，媽媽卻在一旁碎念、一不小心就火冒三丈的經驗吧？以前或許都會粗魯地頂回去：「不要再念了！」這次不妨告訴自己：「真的很火大……儘管如此，也要保持好心情。」

從微笑開始轉變心情

就算無法馬上達到「不管如何，都要保持好心情」的境界，也可以先從每天的打招呼做起。

「早安、我要開動了、我出門了、你回來啦！」

打招呼是為了表現出「我很在乎你」的心情。只要能完成這些最基本的互動，對方就不會覺得你不高興。

如果只是這樣的話，就從今天可以開始做起吧！從打招呼來改變自己。

從表情開始改變，也是個好方法。從「眉頭深鎖」變成「嘴角帶笑」的表情。在開心的時候，會自然而然地笑出來，因為掌管表情的肌肉放鬆，自然就緩解了緊張感。

利用這個效果，放鬆臉上的表情肌。

不是因為開心才笑，而是先露出笑容，心情就會變得平靜。

為了改善與對方的關係，主動迎合對方的心情也是個辦法。

與意氣相投的人變成好朋友是很正常的事，但就算是有點合不來的人，也要主動接近對方。

即使意見不同，也不要否定對方說的話、與對方針鋒相對，而是巧妙地迎合對方的意見：「喔～原來還能這樣想啊！」

大家是平常就在社群網站身經百戰的世代，我想，這點小事應該難不倒你們的。

這是個追求「感覺舒服」的社會

社會上，有所謂時代的氛圍。

例如被譽為高度經濟成長期的昭和時代，雖然充滿活力，卻少了點現代人觀察入微的體貼。以經濟發展為第一優先，不像現在這麼重視公害造成的環境污染。

那個時代的人比較粗魯，充滿了草莽精神，理所當然地做著現代可能會被視為是霸凌的事。不過，各位接下來要生存的時代已經不是這麼一回事了。

進入高度開發的社會，對環境的顧慮、對他人的關懷變得很重要。

未來將成為高度開發社會的成熟期，重視感覺舒適度，如果讓人感覺不舒服就很難生存下去。

現在經常耳聞，某家店裡有個態度很差的店員，讓客人觀感不好，不好的風評就會在網路上傳開，導致這家店的評價一落千丈。

因此店家在雇用員工的時候，也很重視這個人的感覺好不好。

宅急便的司機也不再是會開車、能送貨就好了，說話的感覺也要舒服才行。車開得再好、動作再快、再優秀，送貨時的態度若讓客人覺得沒禮貌、感覺不好，就會得到負面的評價。

如果是不問世事，埋頭研究的工作，可能會覺得感覺好不好沒那麼重要，但還是得具備讓人感覺舒服的溝通能力才行。

研究通常是以團隊的方式進行，彼此的溝通協調也很重要。而且，唯有研究成功後能獲益的企業才願意提供研究資金，研究才能繼續下去；為了爭取到金主的援助，也必須讓對方對自己從事的研究產生興趣才行。

無論在哪裡做什麼，都要與人相處融洽

現在這個時代，似乎瀰漫著一股只要有網路，就算跟別人處不好，也能一個人活下去的氛圍。

不去學校也有各種線上平台可以學習、待在家裡上網就能買東西。

職業也不例外，就算不屬於任何一家公司，也有方法可以工作賺錢……

但實際上才沒有這麼簡單。

現在更需要溝通能力，與人相處時，更喜歡與感覺舒服的人來往。

有人說：「既然靠打工就能過活，我才不要當什麼上班族。」

打工通常要不停地轉換職場，比起專屬於某一家公司的上班族，其實更需要能與各種人溝通的能力。每次前往新的職場，就得建立新的人際關係。

只不過，大家都不太會提到這一面，而是拚命歌頌打工有多自由、多輕鬆——但事實並非如此。

如果沒有在各式各樣的環境與不同的人都能相處融洽的交際能力，其實很難成為吃得開的打工族。

無論去哪裡、做什麼，未來的時代都需要溝通能力。如果一心覺得不喜歡與人交流、不想跟任何人扯上關係，會生活得很辛苦。

觀感比能力更重要

要是我在學生時代有人告訴我這件事，或許就能早點知道溝通能力與觀感的重要性了。

我的大學時代，一直沉浸在不開心的泥沼裡。

平常聊天時毫不留情地指出對方的錯誤、強硬地否定對方，自以為這才是誠實的生存之道。

自以為就算不討人喜歡，只要為人正直，而且能力夠強，就能得到認可。

貫徹上述「堅持自我」的結果，是我快三十歲了還沒有工作，是個無業遊民，因為沒有人想跟我一起工作。

對別人充滿攻擊性的人不可能討人喜歡，只會讓周圍都感到不愉快，沒有人想跟這種人工作。

還沒評估這個人的才華或工作能力以前，就先因為待人接物的態度被判出局了。

必須先給人好感，對方才願意評價自己的能力。

人要先懂得察言觀色，才能順利地在社會上行走。

有幸成為大學講師時，我深刻地反省自己的錯誤。

並以自己的痛苦經驗為教材，向大家強調溝通的重要性、建立人際關係的方法有多麼重要。

絕不能天真地以為，就算沒有溝通能力也沒關係。

更不能以為自己很有能力，就算擺臉色也會被原諒。

不要輕易樹敵、不要隨意傷害別人。

否則人際關係會逐漸惡化，做什麼事都不會有好結果。覺得自己愈來愈沒有立足之地，甚至因此感到喘不過氣來。

現在回想起來，我以前真的很愛亂發脾氣，破壞氣氛。

大家可以從現在就開始提高警覺，別等到長大才跟我一樣後悔莫及。

從「先別下定論」開始

升上國、高中的時候，很習慣把人分成是敵人還是朋友。
如果認定是「朋友」，就會敞開心房，什麼都願意說。
如果覺得是「敵人」，就會緊閉心房。
可是也有人看似朋友，結果並非如此。萬一從那種人身上得到不愉快的回憶，很容易烙下「我討厭人」的陰影。
也有原本以為是敵人，結果並非如此。
人，並不是這麼輕易就能了解的。

希望各位都能預留一個「先別下定論」的空間，別一下子就判斷對方「是敵是友」。

面對還無法判斷的人，只要以好心情模式向對方打招呼，保持在閒話家常的程度交往，見面了也只要聊些無關痛癢的話題就好。

既不是朋友，也不是敵人；不像朋友那麼親密，但是見面聊天時又可以聊得很開心的「認識的人」。

以「別太靠近，也別離得太遠」，這種不遠不近的距離與無法判斷的人相處。

在相處的過程中，會慢慢地了解對方，產生「想變得更親密一點」或「好像有點合不來」的感覺，就能逐漸掌握與那個人的距離。

有時候，以這種不遠不近的距離相處，反而很自在。

老實說，比起分成「是敵、是友、先別下定論」這三種類型來思考，以「先別下定論」的狀態與絕大多數的人相處，不是更輕鬆嗎？

只要有一、兩個可以傾訴煩惱、深入談心的知己就行了。

除此之外的人，都先別下定論。

如果把所有認識的人都算成是朋友，確實可以增加朋友的人數，但是這並不代表人際關係很精彩。

朋友的重點不是人數的多寡，不過也不需要為自己樹立敵人。

萬一覺得「這個人會傷害我」或「這傢伙好可怕」，只要避開就好了。

我想，即使生活中只有許多「先別下定論」的朋友，但若能以雲淡風輕的態度打好關係，再加上量少質精的「朋友」，人際關係的壓力應該會少一點吧！

愉快聊天的訣竅，就在「對方喜歡的東西」

如果是只需要建立起「見到面再愉快聊天」就好的關係，那麼要聊些什麼才好呢？答案是閒話家常。

不過，閒聊時有一個重點，就是要贊同「對方喜歡的東西」。

假設對方很喜歡狗，經常聊自己養的狗。

這麼一來就要與對方產生共鳴：「狗狗好可愛呀！」聊起狗的話題。

簡單地說，不只是在社群網站上，與朋友間的對話也可以「按讚」。

當喜歡貓的人說：「我們家的貓很可愛。」可以回應對方說的話，像是提到自己在 YouTube 看到的貓咪影片很有趣，一定可以聊得很開心。

愉快地聊完這些話題後，俐落地道別：「那就改天見了。」

不用過度深入，輕鬆地談話就好。

聊天時，不只是聊自己的事或自己喜歡的東西，而是能夠開心地聊聊對方喜歡的東西。

我會聽熱愛劍道的人聊劍道的事、聽喜歡將棋的人聊將棋的事、聽熱愛登山的人聊登山的事。即使對他們熱愛的事並不了解，還是可以聽對方說話。

就算只是停下來聊一、兩分鐘，若能開心地聊對方喜歡的東西，也比較容易讓對方對自己留下很好相處、感覺很舒服的印象。

我將其稱之為「閒聊的能力」，不是單純地聊天，而是多下點工夫，掌握訣竅來練習提升能力。

當然也可以聊天氣，像是好冷啊、天氣晴朗或心情真好。只是不管跟誰都能聊天氣，所以無法讓雙方留下交談過的印象。

每個人想聊的事、想聽的話題都不同。

若能主動提出對方感興趣的話題，對話就能舒服地進行下去。

不要問對方聽了會不開心的事，聊到喜歡的東西，一定能讓對方的心情變好，也比較容易在短時間內讓對方留下「和那個人聊天好開心」的印象。

有相同的喜好
能深化友誼

從這個角度來思考，人際關係其實也不是那麼複雜的學問。只要心平氣和地聊天，以對方喜歡的事物為話題即可。

養成隨時思考「對方喜歡什麼」的習慣，記住「這個人喜歡這個」、「那個人喜歡那個」，到時候，話題就會自動跑出來。閒聊的能力還能鍛鍊反應的速度，讓人聰明地舉一反三。

我在上一章〈感受心流帶來的幸福體驗〉提到，要「增加喜歡的事物」。

如果喜歡的事物只有一兩樣，就只有跟同好說話才聊得起來。但如果能增加喜歡的事物，就很容易跟不同的人聊得很投機，變得很受歡迎。

有相同喜好的同伴在很多地方都能產生共鳴和同感，通常都能聊得很投機。由喜歡的東西牽線，就能聊得很深入，說一些只有同道中人才知道的話題。

許多好朋友、死黨的產生，都是從這樣的契機開始的。

與還不熟的人接觸時

只要從國、高中生開始刻意練習「閒聊的能力」，就能對溝通產生自信，一生受用無窮。

最後我想告訴大家，要和不是很親近的人、還不是很了解的人接觸時的技巧。

重點在於讓對方覺得自己是個友善的人，因此需要隨時隨地都保持好心情，即使當下有煩惱，也要保持好心情。

為了讓還不熟的人知道自己的態度，必須做到幾下幾點。

（1）直視對方的雙眼。

（2）面帶微笑。

（3）點頭回應對方說的話。

光是這樣就能讓對方認為自己是個友善的人。

只要練習，任何人都能做到。平常與朋友、家人聊天的時候，請試著刻意練習看看。

即使面對不認識的陌生人，也能練習。

例如在捷運讓座給需要的人時，不要只是默默地站起來，請試著看著對方的眼睛，笑著說：「請坐。」

明明同樣都是讓座的行為，對方感謝你的程度會有天壤之別。

國、高中生平常沒什麼機會接觸到老年人或年紀稍長的大人，因此很多人都說「不擅長應付大人」，但其實這只是還不習慣與大人接觸而已。

為了順利地在社會上暢行無阻，對年齡、性別、文化、擁有各種不同世界觀的人都能敞開心胸，與思考邏輯、價值觀和自己迥異的人也能和樂融融地相處，是非常重要的一件事。

只要從現在開始練習與不熟的人輕鬆交流的方法，對人際關係就不會那麼畏懼了。

能讓別人感覺舒服、喜悅，是真正的聰明的重要條件之一。

第七章

重點摘要

讓自己成爲開朗的人、
成爲能讓自己與他人
都感到愉悅的人吧！

……
你很沉不住氣呢！
像這種時候
就把煩躁的心情
不斷地縮小再縮小，直到能放在掌心裡
……
……
啊！
真是奇怪的方法
可是你笑了耶！

第八章

什麼是生存？

路不會只有一條

我想大家在未來將會遭遇各式各樣的困難，能不能堅強地面對各種困難，不只是要有強韌的心態。

無論發生什麼狀況，都有不同的選擇，一定有別條路、別的做法。

各位有意識到這件事嗎？

即使是容易受傷、認為自己很容易受挫，只要想到「還有其他選擇」，就不會陷入絕望，就能度過難關。

最糟糕的想法是，遇到問題時，陷入「只能這麼做」的迷思，充滿擔憂與焦慮，視野變得愈來愈狹窄，只看得到眼前這條路，完全沒想到還有其他可能性。**無論何時何地，人都不會陷入四面楚歌、完全無計可施的狀態。**

我有一次去高知演講時，順道去了坂本龍馬的紀念館。那裡販賣著印了名言的T恤，我覺得很喜歡就買了一件。

T恤上寫著，「人生不會只有一條路可走，還有千百萬條道路」。

這是出現在司馬遼太郎先生的著作《龍馬行》裡的一句話，意思是說條條大路通羅馬，抵達目的地的路要多少有多少喔！

坂本龍馬的頭腦很靈活，總是能想到：「應該還有別的辦法、也可以這麼做不是嗎？」**聰明的人總是能考慮到不同的可能性，腦筋動得很快，認為這也好、那也行。**

只要能想到還有許多可能性，就能減少不安。不安一旦減少，就能活得比較輕鬆。事實上，只要一直告訴自己「還有別條路可走」，最後一定能船到橋頭自然直。

做出決定後，就要接受結果

這也好、那也行的想法，只能出現在選擇的時候。

一旦下定決心、付諸行動，就不能再回頭三心二意想著這也好、那也行。

假設明明是因為喜歡才加入社團，但是社團活動的練習很辛苦，學長姊也很嚴格，要堅持下去卻變成一件苦差事，做出退社的決定。

像這樣的人看了第三章〈學校不只是學校〉的內容，「透過社團活動經歷學長姊與學弟妹的關係，有助於培養人際關係的能力」，可能會覺得「啊，如果無法忍受學長姊的話，就無法培養人際關係了」，而陷入「或許我不應該退出社團……」的煩惱。

可是，退出就是退出了，不會因為退出社團，就完全無法培養人際關係的能力。

每個人面對的狀況都不一樣，對於辛苦或痛苦的感受也不一樣。既然是自己做的決定，那就從放棄或堅持下去選擇一條路來走。

請相信自己做的決定，至於當時沒有選擇的另一個可能性，想再多也沒用。

請堅信自己的選擇是正確的，在心裡做個了斷並放下，不要事後還東想西想。

「說的也是，社團活動是為了練習人際關係，是穿過四方通行十字路口的練習。當時我想得不夠周全。」萬一產生這樣的念頭，只要告訴自己「這也沒辦法，誰叫我當時沒想到呢？只好在接下來的生活中好好練習人際關係了」，這樣就好。

人無法改變過去，但是可以改變未來。

只要永遠覺得「這是最好的選擇！」就不會後悔

重點在於，要為心情設下停損點。

沒考上想念的學校，結果去了第二志願的學校，這種事很常發生。可是也有人始終走不出「那才是我的第一志願」的執念，以為只要考上第一志願的學校，就能每天過得神采奕奕，總是把「現在這所學校根本沒什麼了不起」或「好無聊」的話掛在嘴邊，過著悶悶不樂的日子。

但是如果能夠隨遇而安地轉念，「考不上那所學校是自己實力不夠，能考上這裡也是靠實力，我要在這裡度過充實的校園生活」，就能開始享受美好的校園生活。

老是對未能實現的夢想耿耿於懷，只是在浪費生命。

承認自己就是做不到，讓心情煥然一新。

倘若「此路不通」，就要思考「什麼是次佳解」；萬一次佳解還是行不通，就要思考「下一個最佳解是什麼」，時時刻刻選擇當下的最佳解。

第二志願的學校，是從世界上眾多的學校中選擇自己「第二想去」的學校，並非不得已的選擇。當沒有最好的選擇時，次佳解就是最佳解。

只要能隨時告訴自己，「我在目前所有的選擇中，選擇了自己認為最好的選擇」、「我已經盡全力了」，就能減少對結局的後悔。

「轉念的能力」在未來的時代愈來愈重要，因為轉念的能力，會變成「活下去的力量」。

轉念的能力足以改變現實

《卡內基快樂學：如何停止憂慮重新生活》的內容裡，提到美國的企業家戴爾．卡內基說過：

「當命運給你一顆檸檬，就把它做成檸檬汁。」

檸檬酸溜溜，就算收到檸檬也不會太高興。這句話的意思是，假如拿到一顆檸檬，與其抱怨「給我檸檬做什麼……」，還不如思考如何善用那顆檸檬。

檸檬汁加糖就成了美味的飲料，大家都愛喝。換句話說，即使收到一般人不喜歡的東西，也可以化危機為轉機。

我有個烏茲別克的朋友，有天突然告訴我，他跟女朋友分手了。

我問他：「真的嗎？那你一定很傷心吧？還好嗎？」

只見他輕描淡寫地回答：「嗯，我已經沒事了。巴士還會再來。」

我再問他：「哦，烏茲別克也有這樣的諺語？」

他回答我：「這不是諺語，只是我自己的想法。」

聽到這句話，我還以為「巴士還會再來」是來轉換心情時用的諺語呢！幾乎可以印在T恤上賣了。

即使用「巴士還會再來」這句話為自己加油打氣，也無法改變失戀的事實，還是很傷心、很沮喪。

但如果能告訴自己還有機會、或許下一個會更好，人生就會充滿光亮。

這就是轉念的力量。

人生，不會只有一條路。

轉念的能力是足以改變現實的念頭、思考事情的方法。

有些事不管再怎麼努力都無能為力，因為人生有許多不公平的事，但我們至少能改變自己的心態。

面對不好的結果、不愉快的現實，如果有許多能讓自己轉念的金句，人就會變得更堅強。

人生處處是轉機！

前面雖然舉了很多例子，但是如果你的生活能夠一帆風順的話，自然再好不過。

如果社團活動很開心，就繼續下去；學校也是，如果能考上第一志願的學校，當然就要努力準備。

如果可以不要失戀，與喜歡的人一直相親相愛地交往下去，這樣當然比較幸福。

問題是，就算是康莊大道，也不曉得前面有什麼在等著我們。

幸好人生充滿轉機，一切都能隨遇而安的發展下去。

回顧我自己的經歷，大學落榜對我來說真的是很大的打擊。明明念了研究所、投入研究，但找到工作處處碰壁時，真的非常沮喪。要是當時沒能切換自己的心情，重新振作起來，大概就沒有現在的我了。

只要有轉念的能力，隨時都能從頭來過，因此轉念的能力也會成為活下去的動力。

我有個學生，大學畢業後找工作找得不太順利。面試好多家公司，一直收到不錄取的通知，久而久之覺得自己是不夠好，全世界都不需要自己，內心充滿挫敗感。

而且要是再找不到工作，生活就會陷入困境，所以沒空沉溺在失落的情緒裡，必須切換心情，繼續找工作才行。

一路下來，他居然失敗了五十次。儘管如此，他仍不放棄，面試到第五十一家的時候終於錄取了。

心想「太好了」，可惜錄取他的那家公司好像有點問題，慢慢地開始發不出薪水。

結果，又得重新尋找下一份工作才行，於是他決定「當老師好了」。為了取得教師執照，開始準備考試。

如今，他已是深受學生愛戴的老師。

他說：「當時錄取我的公司付不出薪水來真是太好了，我才能下定決心轉換跑道。」

「早知如此，一開始就選擇當老師這條路不就好了？」或許也有人會這麼想，雖然這樣確實能少走很多冤枉路。

只不過，經過一番曲折才決定當老師的話，他的心裡會產生「我想當個好老師」的強烈念頭。

老師的工作十分辛苦，但我猜他絕不會輕易說出「想放棄」這種話。正因為是走過很多冤枉路才做的選擇，更能下定決心堅持到底。

只要能覺得這些人生的迂迴曲折「有比沒有好，有這些挫折才造就現在的我」，就能把一路走來的辛酸痛苦視為對自己有益的經驗，正向地往前走。

即使發生的事情無法改變，也能靠心態改變未來。只要有轉念的能力，不只未來，就連過去的經驗都能重寫。

轉換心態成「這反而是件好事」、「其實很開心」

若能從負面的態度轉變成正向的心態，人生將會變得很輕鬆。

「這反而是件好事」、「其實很開心」的角度，很適合用來轉換心態，可以試著養成「反而……」或「其實……」的思考習慣。

放學回家時突然下起午後雷陣雨，雨勢大到連內衣都濕透了。可是人生又有幾次穿著衣服全身淋濕的機會？只要換個角度想「這反而很有趣」，當下的這件事其實就沒有那麼不開心了。

想要的手機銷售一空，感覺非常失望，結果又過了一陣子，設計得更漂亮、更便宜的新手機就上市了。這麼一來就能說，「沒買到那款手機反而好幸運」。

就算沒考上第一志願的學校，肯定也能轉換成「這裡反而好」的心情。只要能告訴自己「因為沒考上那裡才有現在的我，其實是件好事」，每天都是彩色的。

人生中有很多這種情況，凡事存乎一心。

在體育界裡，經常有「因為那次輸了，才有現在的自己」的情況。當時輸掉的不甘心化為努力的原動力，才有現在的實力。

失敗，反而是件好事。

像是在客場的足球比賽，因為對手的支持群眾聲勢太過浩大，與其被對方的氣勢壓倒，擔心施展不開，不如告訴自己，只要能在這裡大顯身手，就能讓賽事更熱烈。只要告訴自己「這樣反而很開心」，就能保持自我，全力以赴地應戰。

把每件事都想成「所有的事都很開心」。

當你能將任何事情都以「這反而是件好事」、「其實很開心」的角度思考，就不會再害怕失敗了。

因為就算失敗也很開心。

國、高中的時候才沒有什麼無法挽回的失敗，全都可以想成「哈哈，這樣反而是一件好事」。

俗話說「年輕時的失敗求之不得」，雖然說可以不要經歷失敗，自然再好不過，但也不覺得凡事都很順利、人生順風順水是一件好事。

人都會犯錯。

孔子說：「過而不改，是謂過矣。」重點在於如何記取失敗的教訓，不再犯錯。

無論如何，絕對不能做傻事

陷入痛苦的狀況時，有人會覺得「死了會比較輕鬆」、「好想死」，而結束自己的生命。

因為他們認為只剩下這個選擇了。

大概到了國、高中的時期，更容易被當時的情緒吞沒，鑽牛角尖地認定「只能這麼做」、「只剩下這條路可走」。

其實，還有許多選擇喔！真的有，只是沒被發現而已。

尤其像各位這個年紀，很容易把「想死」這句話掛在嘴邊。我知道並不是真心想死，只是對痛苦的狀況感到疲憊，想逃離那種狀況的時候，不經意地脫口而出的話。

然而話一旦說出口，就會漸漸成為無形的力量。

如果反覆出現這個念頭，甚至是寫在筆記本或社群網站上，不知不覺中就會陷入只剩下這條路可走的迷思。

因此，千萬不能想那些負面的事，尤其是最不該說出口的一個字「死」。

把這個念頭當成毒蛇，別讓牠偷偷鑽進內心的縫隙，必須把毒蛇從心裡趕出去。

這不只是自己的問題，也絕對不可以對任何人說出「去死」或「恨不得你死掉」這種話。

大家一定要意識到這句話含有劇毒才行。

雖然有人會因為生病或意外而英年早逝，生命自有定數，壽命的長短不是自己所能控制的東西，但擅自斷送自己的生命，是絕對不能做的事。

千萬不要有「死了就可以一了百了」的念頭。

絕對不能輕生。

這是各位國、高中生一定要遵守的法則、最基本的義務。

因此，千萬不要將自己逼入絕境。

對父母而言，白髮人送黑髮人比什麼都還要痛苦、悲傷。子女輕生，父母會背負著深深的傷痕，一輩子都要活在痛苦的陰影下。

如果是心情很容易沉入谷底的人，曾有輕生的想法，請務必與家人商量，或者去醫院接受諮詢，找出改善的方法。[6]

6 除了學校輔導室和生命線 1995 之外，目前衛生福利部的「年輕族群心理健康支持方案」，提供 15~30 歲的年輕朋友每人三次的免費心理諮商。詳情請上衛福部網站：https://www.mohw.gov.tw/cp-16-75401-1.html

生命的意義

「我這種人，活著也沒意思。」這是鑽牛角尖的人經常掛在嘴邊的話，這是被「自己沒有價值」的心情控制了。

那麼，什麼是所謂的「價值」呢？

認為自己沒有價值的心情，多半來自於別人辦得到，自己卻做不到、沒有任何成就感或有自信的事情。

人類並不是因為有這些價值才能活下去。

人活著、就只是活著，與有沒有價值幾乎沒有任何關係。

跟「活著」這件事情相比，有沒有價值、有沒有能力、有沒有才華根本微不足道。「沒有價值的人，活著也沒意思」的想法，根本就不應該存在。

NHK電視台以前有個節目叫《疾病的起源》，曾報導過非洲某個種族。那裡的人直到現在仍過著以前的狩獵生活，他們的生活建立在徹底的「平等」上。

聽說他們捕捉到獵物，一定會公平地與所有人分享。

完全不考慮打獵的人比較辛苦而且耗費體力，應該多分一點，或是孩子還小可以少分一點的問題，多年來一直遵守著公平地將捕到的獵物分給所有人的規定。

為什麼要報導這個種族呢？因為在那裡從來沒有人得憂鬱症。

我從這個報導體悟到一件事，那就是以「辦得到、辦不到某件事的能力來區分人類」，或許是造成憂鬱症的原因之一。

現今的社會有愈來愈多憂鬱症患者，就連小孩也會得憂鬱症。

這或許是因為與人相處時，會評斷這個人「有價值」或「有能力」，導致心靈變得無法承受過多的壓力。

倘若其他人都過著很好，只有自己一貧如洗，心情不可能愉快吧？可能會羨慕，甚至於嫉妒。但如果大家都一樣窮，就不會在意貧富的問題了，會覺得大家半斤八兩，就能和睦相處。

因為有基於要跟大家分享、有能力的人就多出一點力，供大家吃穿的想法，人類才能繁衍至今。

如果一直以依能力區別、依能力判斷有沒有價值，人類恐怕無法活到現在。人類並不是因為有能力、有價值，才能一直活到現在。

是因為有生命，才能來到這個世界上。

人類是因為互助合作，共同克服困難才能夠生存下來。

這樣就足夠了，這就是人生在世的意義。

把聰明才智用在讓自己得到幸福的地方

然而，如果只重視「平等」，人類的社會無法進化到這個地步也是事實。

即使是認為「平等真好啊」的人，如果自己再怎麼努力也得不到肯定，大概會覺得「沒有成就感」。也可能因為沒有競爭對手，就提不起勁來努力，這麼一來就無法成為進步、繁榮的社會。

平等固然重要，但是在競爭中進步也很重要。

凡事都有好壞兩面，所以不能輕易地妄下定論。

要能夠發揮智慧、思考該怎麼在灰色地帶中好好活下去。

一直思考該怎麼做到這點，就能讓自己變聰明。

到底什麼才是真正的聰明呢？

活在現實生活中，人會面臨各式各樣的局面，必須仔細思考該怎麼做，才能為自己帶來幸福。

為了活得更好，人就要愈來愈聰明。

所謂的「聰明」，是能思考該怎麼做才能讓人類得到幸福，必須將聰明才智用在「讓自己得到幸福」的地方。

臨機應變也很重要，頭腦愈靈活、想法愈有彈性，就能活得愈強大、愈聰明。

第八章

重點摘要

眞正的聰明，是能意識到「凡事都要盡自己現在最大的努力，就算還是不行，也還有別條路可走」。

那麼，
我該去下個地方了
別擔心！
今後還會有許多人繼續給你建議
你什麼都不用擔心喔
嗯！
巴士
還會再來。

—結語—

懂得思考，什麼是「重要的事」

這本書帶各位從八個角度探討什麼是「真正的聰明」。頭腦一旦變聰明，就能從各種不同的角度想事情，也能感到幸福。

聰明的基礎建立在「熱情」上，想了解不了解的事、想做到辦不到的事，這種內心的熱情會化為持續思考「該怎麼做才好」的能力，再轉化成發起行動的原動力。

熱情，是讓自己變聰明的火種。為內心點燃火種，充滿能量，頭腦就會變得更靈活，提高身體的能量，付諸行動。一旦抓住這個良性循環，就能隨心所欲地改變現實。

我經常問國、高中生一個問題：

「在缺水的非洲國家，汲取、搬運生活用水是孩子們的工作，每天必須去非常遠的水邊打水好幾次，因此無法去上學。於是對用來搬運水的容器下點工夫，能一口氣輕鬆地搬運大量的水之後，孩子們就能去上學了。請問下了什麼工夫？」

下的工夫並不難，可是一直以來都沒有人改善這個問題。沒有人有強烈的熱情認為「不能再這樣下去」，也就拿不出具體的智慧來解決，狀況自然無從改善。

答案是，「用滾動的方式搬運」。

讓他們分組討論這個問題，國中生——有時候就連小學生都能想出正確答案。只要認真思考，就能源源不絕地想出好主意，像是這麼做如何、可以試試看這個方法嗎？在討論的過程中，大家都點燃了內心的火種，腦筋全速運轉，就連眼睛都發光了。

如果覺得發生在非洲的事與自己無關，就不會認真思考。但只要覺得「假如這是自己的問題呢？」就能點燃內心的火種。

認為「我對這個沒興趣」或「找不到想做的事」的人，可以試著思考「自己可以為了別人做些什麼」，假如填補世界上的某個缺口是自己的使命、任務，自己到底能做些什麼呢。

比起只想到自己，思考身為社會的一員、該把重點放在哪裡，比較容易掌握到著眼點，也比較容易得到成就感。著眼於做什麼能讓別人快樂的話，就能感受到自己的存在意義。知道如何點燃內心的火種，養成傾注熱情的習慣，在青少年的時期特別重要。

總而言之，要對各種不同的事情感興趣，要不斷地思考該如何改變現況、怎樣才能解決問題！

只要養成這種心的習慣，就能變得聰明。

千萬不要輕易放棄喔！就算覺得此路不通，也要繼續思考。

只要增加「聰明」的狀態，人生就會變得愈來愈快樂。

我想各位看完這本書之後，應該都能明白真正的聰明不只是會讀書或成績優秀。

不管再怎麼聰明的天才，要是做出會讓別人痛苦、傷心、不幸的事，就是把聰明才智用錯了地方。

表示這個人並沒有認真地思考：「這麼做在社會上有什麼意義？能帶來什麼？」

舉例來說，戰爭始終無法從世界上絕跡。明明大家都知道戰爭只會帶來悲慘的結果，卻還一意孤行「只能開打了」，這可是非常重大的判斷失誤。

是不具備「智仁勇」的判斷。

宮澤賢治的《虔十公園林》有這樣一個故事：

有個名叫虔十的少年，大家都嘲笑他不夠聰明。他說想種杉樹，建造一座園林。後來虔十種的杉樹成為孩子們的遊樂場，還成了受許多人喜愛的公園。從未有人稱讚虔十聰明，但他能判斷做什麼對大家都有好處。虔十具有人類真正的智慧，是擁有「智仁勇」的人。

什麼是真正的聰明？

真正的聰明，是能思考「什麼是真正重要的事」。

這件事無法從書裡找到答案，從今以後請絞盡腦汁地思考，記取各種寶貴經驗，讓自己變得更聰明。請意識到什麼是「人生真正重要的事」，這也是抓住幸福的方法。

擁有靈活的頭腦，並開朗地活下去吧！

二〇一九年五月　齋藤 孝

富能量 095

什麼是真正的聰明？

了解自己的長處和優勢，將危機變轉機的生存力

作　　者：齋藤孝
譯　　者：賴惠鈴
責任編輯：賴秉薇
文字協力：楊心怡
封面設計：BIANCO TSAI
內文排版：王氏研創藝術有限公司

總 編 輯：林麗文
主　　編：高佩琳、賴秉薇、蕭歆儀、林宥彤
行銷總監：祝子慧
行銷企畫：林彥伶

出　　版：幸福文化／遠足文化事業股份有限公司
地　　址：231 新北市新店區民權路
　　　　　108-3 號 8 樓
網　　址：https://www.facebook.com/
　　　　　happinessbookrep/
電　　話：（02）2218-1417
傳　　真：（02）2218-8057
發　　行：遠足文化事業股份有限公司
　　　　　（讀書共和國出版集團）
地　　址：231 新北市新店區民權路
　　　　　108-2 號 9 樓
電　　話：（02）2218-1417
傳　　真：（02）2218-8057
電　　郵：service@bookrep.com.tw
郵撥帳號：19504465
客服電話：0800-221-029
網　　址：www.bookrep.com.tw

法律顧問：華洋法律事務所　蘇文生律師
印　　刷：東豪印刷事業有限公司
電　　話：（02）8954-1275
初版一刷：2024 年 4 月
定　　價：380 元

漫　　畫　© 羽賀翔一／コルク
構　　成　阿部久美子

什麼是真正的聰明？: 了解自己的長處和優勢, 將危機變轉機的生存力 / 齋藤孝著 ; 賴惠鈴譯 . -- 初版 . -- 新北市 : 幸福文化出版 : 遠足文化事業股份有限公司發行 , 2024.04
面； 公分
ISBN 978-626-7427-21-7(平裝)
1.CST: 自我實現 2.CST: 生活指導 3.CST: 成功法
177.2　　　　　　113002098

讀者回函卡

感謝您購買本公司出版的書籍，您的建議就是幸福文化前進的原動力。請撥冗填寫此卡，我們將不定期提供您最新的出版訊息與優惠活動。您的支持與鼓勵，將使我們更加努力製作出更好的作品。

讀者資料

●姓名：＿＿＿＿＿＿ ● 性別：□男 □女 ●出生年月日：民國＿＿年＿＿月＿＿日

●E-mail：＿＿＿＿＿＿＿＿＿＿＿＿＿＿＿＿

●地址：□□□□□ ＿＿＿＿＿＿＿＿＿＿＿＿＿＿＿＿

●電話：＿＿＿＿＿＿ 手機：＿＿＿＿＿＿ 傳真：＿＿＿＿＿＿

●職業： □學生 □生產、製造 □金融、商業 □傳播、廣告
□軍人、公務 □教育、文化 □旅遊、運輸 □醫療、保健
□仲介、服務 □自由、家管 □其他

購書資料

1. 您如何購買本書？□一般書店（　　　縣市　　　　書店）
□網路書店（　　　　　書店） □量販店 □郵購 □其他
2. 您從何處知道本書？□一般書店 □網路書店（　　　　　書店） □量販店 □報紙□廣播 □電視 □朋友推薦 □其他
3. 您購買本書的原因？□喜歡作者 □對內容感興趣 □工作需要 □其他
4. 您對本書的評價：（請填代號 1. 非常滿意 2. 滿意 3. 尚可 4. 待改進）
□定價 □內容 □版面編排 □印刷 □整體評價
5. 您的閱讀習慣：□生活風格 □休閒旅遊 □健康醫療 □美容造型 □兩性
□文史哲 □藝術 □百科 □圖鑑 □其他
6. 您是否願意加入幸福文化 Facebook：□是 □否
7. 您最喜歡作者在本書中的哪一個單元：＿＿＿＿＿＿＿＿＿＿＿＿
8. 您對本書或本公司的建議：＿＿＿＿＿＿＿＿＿＿＿＿

請沿虛線剪下，黏貼好後，直接投入郵筒寄回

廣　告　回　信
臺灣北區郵政管理局登記證
第 1 4 4 3 7 號

請直接投郵，郵資由本公司負擔

23141
新北市新店區民權路 108-3 號 8 樓
遠足文化事業股份有限公司　收

什麼是真正的聰明

本当の「頭のよさ」ってなんだろう？
勉強と人生に役立つ、一生使えるものの考え方

〈全民教育家〉齋藤孝——著
賴惠鈴——譯

幸福
文化

幸福
文化